职业教育高速铁路客运服务专业系列教材

Gaosu Tielu Keyun Zuzhi
高速铁路客运组织

李美楠　主　编
万　龙　副主编
于文福　主　审

人民交通出版社股份有限公司
北　京

内 容 提 要

本教材为职业教育高速铁路客运服务专业系列教材之一。全书共6个项目21项工作任务,主要内容包括高速铁路客运站工作组织、动车组旅客列车工作组织、高速铁路旅客运输计划编制、高速铁路运输安全及应急处理、高速铁路节假日和新老兵客运组织、高速铁路客运营销工作组织。

本教材为职业院校铁道运输类专业教材,也可作为铁路运输企业员工培训教材,并可供铁路运输管理人员、专业技术人员参考使用。

本教材配有教学课件,任课教师可加入"职教铁路教学研讨群"(教师专用QQ群号:211163250)免费获取。

图书在版编目(CIP)数据

高速铁路客运组织/李美楠主编.—北京:人民交通出版社股份有限公司,2022.1(2024.11重印)
职业教育高速铁路客运服务专业系列教材
ISBN 978-7-114-17738-5

Ⅰ.①高… Ⅱ.①李… Ⅲ.①高速铁路—客运组织—高等职业教育—教材 Ⅳ.①U293.3

中国版本图书馆CIP数据核字(2021)第247744号

职业教育高速铁路客运服务专业系列教材
书　　名:高速铁路客运组织
著 作 者:李美楠
责任编辑:袁　方
责任校对:孙国靖　魏佳宁
责任印制:刘高彤
出版发行:人民交通出版社股份有限公司
地　　址:(100011)北京市朝阳区安定门外外馆斜街3号
网　　址:http://www.ccpcl.com.cn
销售电话:(010)85285911
总 经 销:人民交通出版社股份有限公司发行部
经　　销:各地新华书店
印　　刷:北京印匠彩色印刷有限公司
开　　本:787×1092　1/16
印　　张:11.5
字　　数:259千
版　　次:2022年1月　第1版
印　　次:2024年11月　第4次印刷
书　　号:ISBN 978-7-114-17738-5
定　　价:38.00元

(有印刷、装订质量问题的图书,由本公司负责调换)

前言 Preface

随着我国高速铁路建设的不断推进和路网规模的不断扩大,高铁逐渐成为了大众化的交通运输工具,在我国经济社会发展中发挥着越来越重要的作用。伴随着高速铁路大规模建设和投入运营,我国高速铁路旅客运输在客运设备、技术水平和运营组织管理等方面相对于普速铁路均发生了较大的变化。

本教材根据教育部颁布的高速铁路客运服务专业教学标准,从职业教育角度出发,采用"项目-任务"的编写模式,内容对接高速铁路旅客运输生产实践,遵循职业人才培养规律,真正实现面向企业生产岗位的技术技能型人才的职业教育人才培养目标。

(1)教材开发强调校企双元主体。本教材基于校企合作、工学结合的理念由校企"双元"主体开发,辽宁铁道职业技术学院和中国铁路沈阳局集团有限公司客运部门有关人员共同组成教材开发团队,能够及时将新技术、新知识、新规范纳入教学标准和教学内容。

(2)教材内容充分融入课程思政。为落实立德树人的教学根本任务,本教材秉承教书与育人相结合的理念,在编写时将中国铁路"人民铁路为人民"的社会责任担当贯穿教材始终,学生知识、能力和素质培养并重。

(3)教材功能重视人才培养质量。教材以专业教学标准为依据,以综合职业能力培养为目标,根据铁路运输企业客运真实工作岗位和生产场景组织教材内容体系,通过"任务实施"模块进行实训演练任务,实现能力培养和工作岗位的对接合一。

(4)教材组织实现岗课赛证融通。教材对标铁路列车员、客运员、综控员等客运岗位的职业标准,将岗位作业内容和流程融入教材,教材可作为铁路客运员和列车员技能等级证书考核参考教材,同时为学生参加相关行业竞赛提供理论支撑。

(5)教材配套丰富线上教学资源。为推动线上线下混合式教学改革,教材中对重要知识点配套微课资源,依托超星平台建立线上课程教学资源,方便学习者进行学习。

本教材由辽宁铁道职业技术学院李美楠担任主编,辽宁铁道职业技术学院万龙担任副主编,中国铁路沈阳局集团有限公司于文福担任主审。具体编写分工为:李美楠负责编写项目2的任务2.2和任务2.3,项目3、项目4和项目5;万龙负责编写项目1和项目6;王越负责编写项目2的任务2.1;中国铁路沈阳局集团有限公司杨涛负责编写项目2的任务2.4。

本教材在编写过程中参阅了大量专家、学者的相关文献,在此谨向有关专家、学者表示衷心感谢。由于我国高速铁路旅客运输产品、经营管理、组织模式日新月异,再加上作者水平有限,对于本教材中出现的错误,恳请广大读者予以批评指正。

编 者
2021 年 8 月

目录 Contents

本教材配套微课资源清单 ………………………………………………………… I

项目 1　高速铁路客运站工作组织 ………………………………………………… 1

  任务 1.1　认识高速铁路客运站 …………………………………………… 1
  任务 1.2　高速铁路客运站流线组织 ……………………………………… 7
  任务 1.3　高速铁路客运站售票工作组织 ………………………………… 13
  任务 1.4　高速铁路客运站旅客服务工作组织 …………………………… 20
  任务 1.5　高速铁路客运站旅客服务系统运用 …………………………… 30
  复习思考题 …………………………………………………………………… 39

项目 2　动车组旅客列车工作组织 ………………………………………………… 40

  任务 2.1　动车组旅客列车乘务组织 ……………………………………… 40
  任务 2.2　动车组旅客列车乘务安全组织 ………………………………… 45
  任务 2.3　动车组旅客列车服务工作组织 ………………………………… 53
  任务 2.4　站车客运信息无线交互系统运用 ……………………………… 60
  复习思考题 …………………………………………………………………… 68

项目 3　高速铁路旅客运输计划编制 ……………………………………………… 69

  任务 3.1　旅客运输计划认知 ……………………………………………… 69
  任务 3.2　编制客流计划 …………………………………………………… 74
  任务 3.3　编制高速铁路旅客列车运营方案 ……………………………… 87
  任务 3.4　制订票额分配计划 ……………………………………………… 96
  复习思考题 …………………………………………………………………… 101

项目 4　高速铁路运输安全及应急处理 …………………………………………… 103

  任务 4.1　编制客运记录和铁路电报 ……………………………………… 103

任务 4.2　线路中断处理 ··· 109
　　任务 4.3　旅客人身伤害事故处理 ······························· 112
　　任务 4.4　高速铁路旅客运输应急处理 ··························· 119
　　复习思考题 ··· 138

项目 5　高速铁路节假日和新老兵客运组织 ························· 140
　　任务 5.1　高速铁路节假日客运组织 ······························· 140
　　任务 5.2　高速铁路新老兵运输组织 ······························· 147
　　复习思考题 ··· 150

项目 6　高速铁路客运营销工作组织 ······························· 151
　　任务 6.1　高速铁路旅客运输需求分析 ····························· 151
　　任务 6.2　高速铁路旅客运输营销工作组织 ························· 158
　　复习思考题 ··· 167

附录 1　"高速铁路客运组织"课程思政教学设计 ····················· 168

附录 2　"高速铁路客运组织"课程参考标准 ························· 169

参考文献 ··· 173

本教材配套微课资源清单

二维码编号	项目-任务	资源名称	资源类别
二维码 1	项目 1-任务 1.1	客运站站房的设计原则	微课
二维码 2	项目 1-任务 1.2	客运站流线组织	微课
二维码 3	项目 1-任务 1.3	售票软件的使用方法	微课
二维码 4	项目 1-任务 1.4	三要、四心、五主动	微课
二维码 5	项目 1-任务 1.5	旅服系统的操作方法	微课
二维码 6	项目 2-任务 2.1	动车组旅客列车乘务组织	微课
二维码 7	项目 2-任务 2.2	CRH380B 型动车组列车车门操作及应急处理	微课
二维码 8	项目 2-任务 2.3	动车组列车乘务员文明服务标准	微课
二维码 9	项目 3-任务 3.1	动车组旅客列车种类及车次认知	微课
二维码 10	项目 3-任务 3.2	直接吸引区范围划定方法	微课
二维码 11	项目 4-任务 4.1	客运记录的编制	微课
二维码 12	项目 4-任务 4.2	线路中断后对旅客的安排	微课
二维码 13	项目 4-任务 4.3	旅客人身伤害事故的处理程序	微课
二维码 14	项目 5-任务 5.1	春暑运期间旅客运输组织	微课
二维码 15	项目 6-任务 6.1	客流的特点	微课
二维码 16	项目 6-任务 6.2	旅客运输产品的基本概念	微课

项目 1　高速铁路客运站工作组织

 **项目描述**

　　高速铁路客运站是办理旅客运输业务和列车技术作业的场所,是铁路和旅客之间的纽带,也是铁路的"窗口"。本项目主要介绍高速铁路客运站工作组织,在了解高速铁路客运站的主要设备和主要作业的基础上,掌握高速铁路客运站的生产和服务工作组织。

任务 1.1　认识高速铁路客运站

 教学目标

◆ 知识目标

1. 了解高速铁路客运站及其特点。
2. 掌握高速铁路客运站的作业和主要设备功能。
3. 掌握高速铁路客运站站房设计原则。
4. 掌握高速铁路客运站站台及站前广场结构和功能。

◆ 技能目标

1. 明确高速铁路客运站各种设备位置及功能。
2. 能够正确运用高速铁路客运站设备组织旅客的乘降过程。

任务导入

　　北京南站位于北京市南二环路、南三环路、马家堡东路、开阳路之间,是京津城际和京沪高铁的始发终到站。北京南站共设 13 座站台、24 条到发线、3 个客运车场,由北往南依次为普速车场、客运专线车场、城际铁路车场。北京南站东端衔接京津城际和北京站,西端衔接京沪高铁、北京动车段和丰台站,是集高速铁路、城际铁路、普速铁路与公共汽车、地铁等市政交通设施于一体的大型综合交通枢纽站。

　　2006 年以前,北京南站主要为中短途旅客服务。2006 年 5 月 10 日起停用进行扩建改造。2008 年 8 月 1 日,北京南站重新开通运营,是我国第一座现代化的高速铁路客运站。

北京南站主站房共五层,其中地上两层、地下三层,由上到下依次为高架候车厅以及配合的高架环形车道、站台轨道层、换乘大厅、地铁4号线、地铁14号线。地上二层是旅客进站层,其中央为候车大厅,东西两侧是进站大厅。候车大厅设有售票处和自动售票机,进出站由自动验票系统控制。两侧的环形高架桥通行出租车和社会车辆,旅客进站可直接进入高架候车大厅。地面层主要通行公交车辆以及旅客进站。地下一层是换乘大厅、停车场以及旅客出站系统,东西侧为旅客出站大厅,站房南北侧设有公交车站和出租车停靠站。每个站台都有直梯和扶梯连接候车大厅和换乘大厅,旅客可以通过这些设施无障碍地进出站和到达车站的各个服务区域。

请同学们结合自身生活经历,思考下列问题:

1. 高速铁路客运站都有哪些设备?
2. 高速铁路客运站都办理哪些作业?
3. 不同种类的客运站有什么区别?

理论知识

铁路客运站是指专门办理旅客运输业务的车站,是铁路客运的基本生产单位,也是城市的窗口。其主要任务是:安全、迅速、有秩序地组织旅客乘降,为旅客办理旅行相关手续,提供舒适的候车条件,保证铁路与市内交通联系便捷,能够快速集散旅客,促进各种交通方式协调发展。因此,客运站在铁路旅客运输和服务中具有十分重要的意义。

高速铁路客运站在设计上不同于传统车站,要求其在"以人为本"设计理念下充分体现"系统性、功能性、先进性、经济性、文化性",它在车站设计、功能分类、站线设备等方面有其自身特点。

一、高速铁路客运站的特点

高速铁路客运站具有以下特点:

(1)高速铁路客运站作业单一,只办理客运业务,不办理货运和行邮装卸业务。我国高速铁路绝大部分是客运专线,办理旅客列车的始发、终到和通过作业。开行货物列车问题复杂,投资大,涉及问题较多,相对来讲会增加运输组织成本。如果增加行邮业务,交叉干扰多且作业时间长,而通常高速列车停站时间较短,不符合高速铁路追求速度的要求;为保证运营安全,增加行邮业务还需增建相应的行邮通道,这也会增加高速铁路客运站的投资建设成本。此外,行邮业务完全可以由既有线列车完成,所以高速铁路客运站不办理邮件和行包托运业务。

(2)高速铁路客运站的客运和行车工作组织效率高。为适应高效率快速作业的要求,提高旅客运输效率,高速旅客列车在站停车时间短。高速列车停站时间最短1min,立即折返列车在折返站的作业时间长编动车组最小折返时间20min,短编动车组最小折返时间15min。因此,高速铁路客运站必须提高车站客运和行车组织的工作水平。

(3)高速铁路客运站设计和客运组织必须充分体现"以人为本、方便旅客"的宗旨。高速铁路客运站是大量旅客和车辆集散的地点,必须做到快速集散旅客,要提供多层次的出入通道引导旅客顺畅地进出站,减小旅客步行距离、减少旅客滞留和快速通过的设计要求。在客运组织方面,为方便旅客进出站和换乘,车站应设置醒目、清晰的标志牌或电子信息公告牌,保证旅客能够以最短的时间完成在站的各种活动。

(4)高速铁路客运站作业必须把安全放在第一位。不停站的高速列车在通过车站时,速度设计要求应与区间相同,停站的列车进入咽喉区的速度也将达到80km/h。在车站,必须注意保证旅客人身安全、站内职工安全、列车运行安全以及技术作业安全。

(5)高速铁路客运站需要做好与其他交通方式的协调。高速铁路是一种大运量的运输通道,为充分发挥高速铁路的效能,需要城市内部各种交通工具能快速地为高速铁路客运站运送和疏解客流,实现高速铁路客运站在城市中"交通转换平台"的作用,使高速铁路与既有线、城市轨道交通、公共汽车、出租车等公共交通方式形成协调运作、优势互补的交通体系,从而成为能够向旅客提供便捷、高效的一体化运输服务的城市综合型交通枢纽,实现各种交通方式间的"零距离换乘"。

二、高速铁路客运站的作业

高速铁路客运站作业主要包括客运服务作业、客运业务和技术作业。

(1)客运服务作业。客运服务作业包括旅客进出站、安检、候车、问询、小件行李寄存以及对旅客文化、饮食、生活等方面的服务。

(2)客运业务。客运业务包括客票发售、站台旅客乘降等。

(3)技术作业。技术作业包括列车到发、列车技术检查、车底取送及列车上水、餐料供应等。

三、高速铁路客运站的主要设备

高速铁路客运站的主要设备分布在站房、站场和站前广场。

(一)高速铁路客运站站房

站房是高速铁路客运站的主体,包括客运用房、技术用房和生活用房等房屋。高速铁路客运站站房的设计应该按照客流量大小、客流特点、线路布置、地形高度和城市规划等因素,合理组织各种流线,减少旅客的迂回走行,提高旅客进出站效率。此外,为旅客提供服务的各项设施设备,应布置紧凑、合理,方便旅客。

1. 高速铁路客运站站房的设计原则(相关教学资源见二维码1)

客运站站房是直接为旅客服务的场所,是城市的大门。它的设计是否合理,对于提高高速铁路客运站服务质量、保证高速铁路客运站良好的运行秩序、提高高速铁路客运站运输能力和促进城市的发展等方面具有重要意义。

高速铁路客运站站房的设计原则如下:

(1)高速铁路客运站站房的位置要与城市规划、高速铁路客运站总体布置、站内交通网络密切配合。通过式客运站站房一般设在线路靠近居民区的一侧,尽端式客运站站房一般设于站线尽端。有条件时,也可将旅客站房设于线路一侧。

(2)在设计和施工中满足绿色、节能、环保和可持续发展等要求,并为城市轨道交通规划预留换乘接口条件,使客流组织合理、方便、快捷。

(3)各种流线应该保证顺畅无阻、便捷,避免交叉干扰。各种流线能在站安全、迅速地集散和通行。

(4)站房建筑应按照旅客的需求设置,方便旅客办理各种手续,便于高速铁路客运站工作人员组织旅客乘降和进出站,并具有一定的灵活性;尽可能避免不必要的上下坡,以免通行困难及影响客运设备的通过能力。

(5)旅客站房、行包房及其他服务于旅客的较大建筑物,当布置在线路一侧时,与最近线路的距离在客流量较大的客运站为20~25m,中间站一般不小于15m,如地形困难,也可采用较小的距离,但应保证旅客基本站台所需的宽度。

(6)站房应力求实用、经济、美观,并体现城市的建筑风格和地理环境的特点,还要求有良好的通风和采光,取暖设备和空调设备可靠并符合要求。

(7)站前广场、站房与站台可根据当地具体条件,设在不同的标高上,使旅客从广场、站房经由天桥或地道到站台有最小的升降高度。

2. 高速铁路客运站站房房屋类型

高速铁路客运站站房应根据客运量设有便于购买车票、办理行李包裹、候车、问询、引导、广播、时钟、携带品寄存,以及为旅客服务的文化、卫生及生活上的必要设备;根据规定应设置实名制验证和制证设备、安全检查设备、客运信息查询设备、视频监控设备、行李包裹到达查询设备、垃圾存放设备、消防设备等;根据需要设置电梯、自动扶梯、无障碍通道和相应的助残设施、污物处理、自动售检票和取票设备等。大、中型高速铁路客运站站房一般具有以下三类房屋:

(1)客运用房。客运用房由综合大厅、候车室、各种营业厅(售票厅、行包房、旅客物品寄存处、服务台等)组成。

(2)技术办公用房。技术办公用房包括运转室及信号楼、站长室、办公室、会议室、公安室及有关辅助房屋、建筑设备所需要的房屋等。

(3)职工生活用房。职工生活用房指为职工生活服务的各种用房,如职工休息室、食堂等。

(二)高速铁路客运站站场

高速铁路客运站站场是进行客运技术作业的场所,包括线路、站台、雨篷和跨线设备等。高速铁路客运站布置众多专门用途的线路,用于进行客运作业和技术作业等。站场内应设有车场、各种用途的线路、站台和跨线设备(天桥、地道)、雨篷及给水设备。站场内各种设施的布置形式,应能满足合理地组织旅客流线的需要,满足安全、合理地组织旅客上下车,并应考虑方便站内工作人员作业。

1. 旅客站台

办理客运业务的车站应设旅客站台,并应有照明、引导、广播、时钟和视频监控设备。旅客站台应为高站台,站台高度应高出轨面1250mm,应设置安全标线和停车位置标,两端应设置围墙或防护栅栏,防护栅栏不得侵限,并悬挂禁行标志。

旅客站台宽度应根据车站性质、站台类型、客流密度、安全退避距离、旅客通道出入口宽度等因素确定,一般情况下可按表1-1确定。

旅客站台宽度　　　　　　　　　　　　表1-1

名　　称	特大型站	大型站	中型站	小型站
站房或建筑物突出部分边缘至基本站台边缘距离(m)	20.0~25.0	15.0~20.0	8.0~15.0	8.0
岛式中间站台宽度(m)	11.5~12.0	11.5~12.0	10.5~12.0	10.0~12.0
侧式中间站台宽度(m)	8.5~9.0	8.5~9.0	7.5~9.0	7.0~9.0

当无列车通过或列车通过速度不大于80km/h时,站台边缘距线路中心线的距离为1750mm,安全标线距站台边缘1000mm。当列车通过速度大于80km/h时,站台边缘距线路中心线的距离为1800mm,安全标线距站台边缘1500mm,必要时在距站台边缘1200mm处设置安全防护设施。有200km/h及以上列车通过的须设置屏蔽门、安全门等防护设施;列车通过最高速度不得超过250km/h。

2. 线路及设备

车站根据业务性质、运量大小及技术作业的需要,设置下列主要设备:

(1)到发线。

(2)折返线。

(3)救援列车停留线、自轮运转特种设备停留线等。

(4)与动车组运用所(以下简称动车所)、动车段相连接的车站,应设动车组走行线(当设有专用的机车走行线并具有相同进路时,可以合设)。

(5)动车组长期停放的车站应设动车组存车线。

(6)作业车辆停放线。

(7)通信、信号、联锁、闭塞设备。

(8)根据接发列车、调车作业的需要设置隔开设备等安全设施。

(9)机车乘务组、动车组司机及随车机械师、客运乘务组进行中途换乘作业的车站,应配备值班室、休息室和必要的配套设施。

车场内的基本线路有车站正线、到发线、辅助线路(包括安全线、避难线、走行线及其他线路)。旅客列车到发线应布置在站台两侧,并在相邻两个旅客站台之间布置两股旅客列车到发线,如图1-1所示。

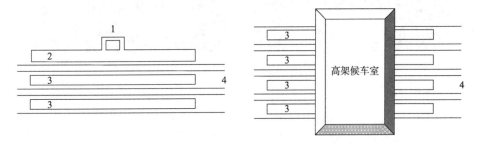

图 1-1 到发线的布置

1-站房;2-基本站台;3-中间站台;4-到发线

3. 雨篷和跨线设备

1)雨篷

在动车组的始发站、终到站和其他客流量大的站台上,应设置站台雨篷。雨篷用于遮阳和避风雨,为旅客乘降和高铁快件装卸提供便利,同时也是保证向旅客提供优质服务的需要。大型车站的雨篷其长度、宽度应分别与站台的长度、宽度相同。高速铁路客运站的雨篷形式主要为无站台柱雨篷,如图1-2所示。

2)跨线设备

跨线设备是指站房与站台之间或站台与站台之间来往的道路。它对于保证旅客安全、便利地通行和上下车并迅速集散起着重要的作用。高速铁路客运站主要采用立体跨线设备,即天桥和地道。

图1-2 无站台柱雨篷

为避免进出站客流对流而造成阻塞,高速铁路客运站需设置两个立体跨线设备。立体跨线设备主要为高架通廊和地道。一般来说,高速铁路客运站建一个高架通廊(进站)、一个地道(出站)。高速铁路客运站跨线设备如图1-3所示。

a)　　　　　　　　　　　　　　b)

图1-3 高速铁路客运站跨线设备

4. 给水排污设备

旅客列车始发终到站、客运枢纽站和上水站,应在到发线间设置列车上水设施和节水装置。根据需要在始发终到站及客运枢纽站设置动车组、客车地面排污设施和移动卸污设备。地面排污设施应防止泄漏和污染,排污能力满足动车组、客车停留时间的要求。

(三)高速铁路客运站站前广场

高速铁路客运站站前广场是客运站与城市联系的"纽带",它包括行车道、停车场和旅客活动地带等。站前广场是客流、车流的集散地点,是车站组织旅客室外休息的场所,可作为临时迎宾和集会的地方。设计时,应使公共汽车、地铁等交通运输方式与站前广场、旅客站房的进/出口取得有机联系,以实现零距离换乘的目的。

为保证旅客和车辆能安全、迅速、便利地通行,站前广场的修建应与城市规划密切配合,应妥善安排,避免旅客流线、车辆流线之间的交叉干扰,并尽量缩短进、出站旅客的步行距离,减少车流、客流的交叉和干扰。各种车辆停车站应尽量靠近站房出入口。旅客活动地带应设人行通道,客流量大、交通组织较复杂的站前广场可设地下人行通道。站前广场周围布置旅客服务设施,使站前广场成为与城市规划密切配合的完整空间。

任务1.2　高速铁路客运站流线组织

◇ **知识目标**
1. 掌握高速铁路客运站流线组织的内容。
2. 掌握高速铁路客运站流线组织的措施。

◇ **技能目标**
1. 能够按照旅客流线绘制旅客流线图。
2. 会根据高速铁路客运站的类型进行流线疏解。

任务导入

2021年1月28日,铁路春运正式启动。在当时形势下,如何做好铁路常态化疫情防控和保障广大旅客安全舒适出行成了高速铁路客运站的工作重点。

"乘坐G475次列车的旅客,请您在检票口按照地面标线间隔1m排队等待检票。"在北京南站候车室第七检票口工作人员的引导下,候车旅客根据检票闸机的数量站成5列,并按照黄色标志线彼此间隔1m的安全距离。随着闸机一开一合,大家不慌不忙,有序检票走向站台。不到10min时间,检票口再次恢复平静。在候车大厅过道,不时有人背着喷壶进行消毒作业。在进出站口、候车室、检票口、电梯等公共区域,均按照每隔2h一次标准进行消毒,卫生间等客流频繁的场所更是1h消毒一次,同时确保候车室内的通风换气。每趟列车检票进站完毕后,工作人员即对检票闸机进行一次彻底消毒。

加强进出站旅客测温、加强换乘旅客的组织、所有站台静态引导标志升级改造、增加候车大厅车次综合信息显示屏面积、自动售(取)票机增加退票办理模块等举措,彰显了高速铁路客运站高质量的客运服务品质。

请同学们结合自身生活经历,思考下列问题:
1. 到高速铁路客运站乘车时,是如何进出站的?
2. 在高速铁路客运站检票进入站台时是否遇见过与自身行进方向相反的旅客?
3. 为了保证车站快速、安全地疏散客流,你知道有哪些组织方式?

理论知识

高速铁路客运站工作组织要达到安全、有序、高质量的服务目标,就必须根据各种流线的特点和规律,合理地进行流线组织。

一、客运站流线概述

在高速铁路客运站内,各种类型旅客的集散活动,产生了一定的流动过程和流动路线,通常简称为流线。流线组织是否合理,不但影响客运站的作业效率和能力,还直接关系到客运设备的运用及旅客服务质量的高低。

按照流动方向不同,流线可分为进站流线、出站流线和换乘流线;按照流动实体的不同,流线可分为旅客流线(简称客流)和车辆流线(简称车流)。

(1)高速铁路客运站暂时没有行包作业,相比普速铁路客运站减少了行包流线,而且没有站台票,同时减少了接站流线和送站流线。

(2)高速铁路客运站的换乘问题更加突出。在大型高速铁路客运枢纽站中,换乘流线的作用也更加突出。

(3)在高速铁路客运站旅客流线中,更加突出现代化引导设备的布局在流线中的引导作用,旅客自主性较强。

二、流线组织的内容

1. 进站流线

各高速铁路客运站在组织旅客时的流程基本相同,采用身份证先验形式,由于站内空间有限,安排在流线的最始端查验;只有部分车站,采用身份证后验形式,一般安排在候车室检票口查验。旅客进站流线图如图1-4所示。相应的进站流线组织过程一般如下:

(1)旅客乘坐其他交通工具抵达车站站前广场。

(2)通过车站提示标志引导旅客到售票处/厅购票,旅客可在人工售票窗口购买,也可以在自动售票机购买车票,一些大型客运站还在与其他交通方式衔接的地下通廊处设置自动售票机,方便旅客购票进站。对于售票处/厅设置在站内的客运站,则是先进站再买票,已提前在互联网购票的旅客则不需进行此流程。

(3)通过客运站提示标志引导旅客至进站口。

(4)身份证查验工作。当身份证查验为全检时,在进站口查验(大部分车站都已经安装自助验证系统);当身份证查验为抽检时,在检票口查验(后验形式)。现在我国高速铁路客运站全部采用全检方式。

(5)利用三品查危仪对旅客及其携带品进行安全检查。

(6)疏导客流进入站内。

(7)通过提示设备,引导旅客至相应候车室候车。

(8)开车前一定时间通过电子显示屏结合广播等途径通报列车检票情况,指引旅客到检票口排队

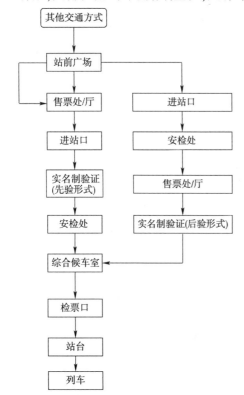

图1-4 旅客进站流线图

检票。开始检票后,组织旅客有序通过自动检票闸机检票。对于特殊及重点旅客,可通过人工手段检票,提前进站;对于特殊票种,过闸机后还要查看相应证件是否符合要求。

(9)通过检票屏及广播通告,组织客流通过天桥、地道等跨线设备,到达相应站台。

(10)组织旅客在站台上排队,有序上车。

2. 出站流线

高速铁路客运站出站流线的组织通常是通过集散大厅(一般为地下),将各站台的出站客流聚集,然后分散组织到地铁、公共汽车、出租车、私家车等交通方式上去。旅客出站流线如图1-5所示。其客流组织一般过程如下:

(1)通过站台标志,指引下车的旅客通过地道、天桥等跨线设备离开站台到集散大厅。

(2)出站通道尽端设置检票口,对旅客车票进行查验,旅客通过出站自动检票闸机出站。

(3)旅客通过检票口后至集散大厅,通过引导标志疏导旅客离开车站,向旅客提供换乘出租车、公共汽车、地铁等交通方式的信息。

(4)出站旅客利用引导标志通过出站口出站,出站后可选择其他交通方式离开车站。

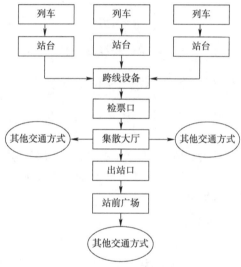

图1-5 旅客出站流线

3. 换乘流线

根据换乘的形式,高速铁路换乘通常有同站换乘和异站换乘两种形式。异站换乘与出站流线组织一样;同站换乘又分为出站换乘和站内换乘。

出站换乘是目前我国高速铁路客运站最广泛的一种组织形式,接续时间长的中转换乘旅客需要按照"先出站再进站"的流程来完成中转过程。这种组织形式相当于将换乘旅客的流线分为出站流线和进站流线分别组织,无须专门组织,因此组织形式简单。

对于接续时间短的中转换乘旅客,车站将专门组织换乘,即站内换乘。这种换乘方式是指旅客由站台通过楼梯或反向电梯到达候车室,再由候车室通往另一个站台。这种形式组织方便,但需要车站空间布局和设备的紧密配合。当旅客换乘时间充足时,车站也可组织站台换乘。这种换乘方式是指利用楼梯、自动扶梯进入地下通道或天桥,再到达接续列车站台。

旅客中转换乘流线如图1-6所示。其客流组织一般过程如下:

(1)通过站台标志指示旅客通过地道、天桥等跨线设备离开站台。

(2)异站换乘的旅客按照正常出站流线组织旅客出站换乘其他交通方式至接续车站乘车。

(3)同站换乘时,接续时间长的旅客由出站口出站再进站候车;接续时间短的旅客按照车站的安排有特定换乘流线进行站内换乘,也可以通过跨线设备自行进行站台换乘。

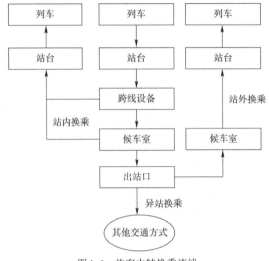

图1-6 旅客中转换乘流线

三、流线组织措施(相关教学资源请扫描二维码2)

客运站流线的组织原则和疏解方式相关微课资源。

1. 流线组织原则

流线组织是高速铁路客运站客流组织的重要内容。高速铁路客运站应实行统一、规范、标准化管理,要充分考虑旅客对于服务质量的高要求,科学地规划各种"流线"的路线。

二维码2

(1)各种流线避免互相交叉干扰。

高速铁路客运站要加强站内宣传工作,采用各种宣传方式,如广播、导向标志、大型显示屏等,向旅客公告购票、候车、检票、乘车、进出站等信息及注意事项,及时疏导旅客,错开不同旅客流线,提高旅客的站内舒适性,确保旅客在站内有序流动。

(2)最大限度地缩短旅客走行距离,避免流线迂回。

高速铁路客运站在候车层通过标志导向设置不同类型的候车区域,方便旅客候车、检票,减少旅客的走行流线,提高旅客的出行效率。同时设计旅客流线时应充分考虑高速铁路客运站设施设备的布置和利用。

2. 流线疏解的基本方式

(1)在平面上错开流线,即在同一平面上,站房及各种客运设备的布局使各种流线在同一平面左右错开自成系统,达到疏解的目的。为配合站前广场的车流组织,通常将进站客流安排在站房的右侧,出站客流安排在站房的左侧。这种方式适用于中、小型或单层的高速铁路客运站,如图1-7所示。

(2)在空间上错开流线,即进出站流线在空间上错开,进站客流走上层,出站客流走下层,达到疏解目的。这种方式适用于大型双层高速铁路客运站,如图1-8所示。

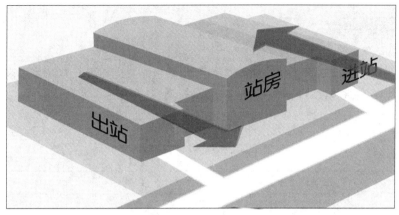

图 1-7　在平面上错开流线示意图

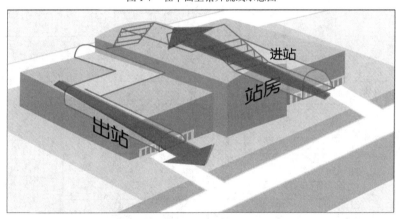

图 1-8　在空间上错开流线示意图

（3）在平面和空间上同时错开流线，即流线既在平面上错开又在空间上错开，如图 1-9 所示。进站客流由站房右侧下层入站，经扶梯上层候车，然后经天桥或高架交通厅（检票厅）检票上车。出站客流经地道由站房左侧下层出站。这种方式不但流线明显分开，而且流线距离也大大缩短，适合于大型双层高速铁路客运站。北京、上海等特大高速铁路客运站采用这种方式达到疏解流线的目的。

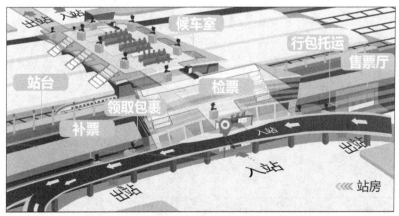

图 1-9　在平面和空间上同时错开流线示意图

任务实施

1. 任务书

2020年3月10日,旅客王某准备到锦州南站乘坐G388次列车去往北京南站。王某于9:35到达锦州南站,到售票厅购买了该次车票后,通过安检进入候车室候车。G388次列车在锦州南站停靠站台为二站台。请同学们分组讨论并绘制旅客王某从到达锦州南站至进入站台乘车的基本流线图。

2. 任务分组

班级		组号	
小组成员及分工	姓名	学号	观点

(1)在图上标出旅客王某的行动路线图(图1-10)

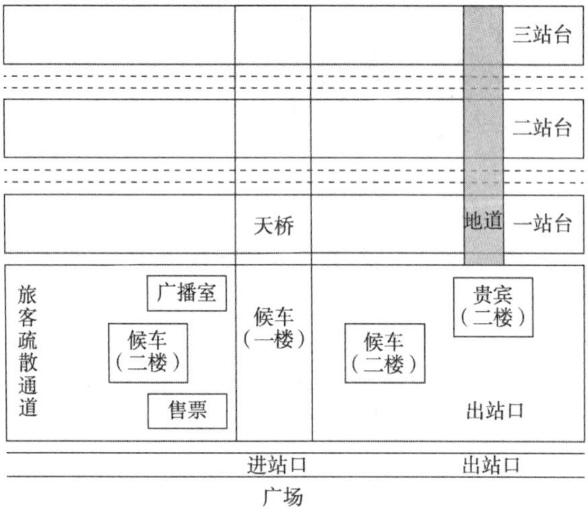

[锦州南站平面示意图:三站台、二站台、一站台、天桥、地道、广播室、候车(一楼)、候车(二楼)、候车(二楼)、贵宾(二楼)、旅客疏散通道、售票、出站口、进站口、出站口、广场]

图1-10 锦州南站平面示意图

(2)绘制王某乘车的基本流线图

小组讨论总结:

任务1.3　高速铁路客运站售票工作组织

教学目标

◇ **知识目标**
1. 了解客票发售与预订系统结构。
2. 掌握高速铁路客运站售票组织。
3. 掌握高速铁路客运站窗口售票方法。

◇ **技能目标**
1. 能按照基本流程发售客票。
2. 能按照售票方法完成售票工作。

任务导入

为努力改善旅客出行体验,给旅客提供更加方便、快捷的服务,自 2018 年 11 月 22 日起,铁路部门在海南环岛高速铁路实行电子客票服务试点,2019 年 7 月电子客票陆续向各个高速铁路线路推广,于 2020 年 4 月 29 日实现内地高速铁路和城际铁路电子客票全覆盖。2020 年 6 月 20 日起,电子客票在普速铁路推广实施。此次推广实施后,全国铁路有 2400 多个客运站实行电子客票,覆盖了 95% 以上的铁路出行人群。截至 2021 年 1 月 4 日,电子客票已在 2878 个高速铁路和普速铁路客运站实施。

请同学们结合自身生活经历,思考下列问题:
1. 实行电子客票后哪些客运组织环节发生了变化?
2. 实行电子客票以后还需要售票窗口吗?
3. 思考一下实行电子客票的意义。

理论知识

售票工作是高速铁路客运站工作的重要组成部分。它的具体任务是正确和迅速地将客票发售给旅客。客运站通过售票把广大旅客按方向、车次有条不紊地组织起来并纳入运送计划。为保证旅客及时、方便地买到客票,客运站必须做好售票工作。

一、车票发售方式

全路客票发售与预订系统是中国铁路唯一的计算机售票系统,目前既有线车站和高速铁路客运站的售票服务都接入全路客票发售与预订系统。全路客票发售与预订系统包含后台服务器、数据库、应用软件、终端设备、机房设施设备以及网络设备等部件,涉及客票系统后台系统、客票安全系统、自动售票系统、接口系统等子系统。全路客票发售与预订系统分为中国国家铁路局集团有限公司(简称"国铁集团")、铁路局集团公司和车站三层结构,提供互联网(含手机)、电话订票、车站窗口、代售点、自助售票机等售票服务,为旅客提供多样化的购票服务。高速铁路客运售票系统结构图如图1-11所示,售票系统信息处理流程图如图1-12所示。

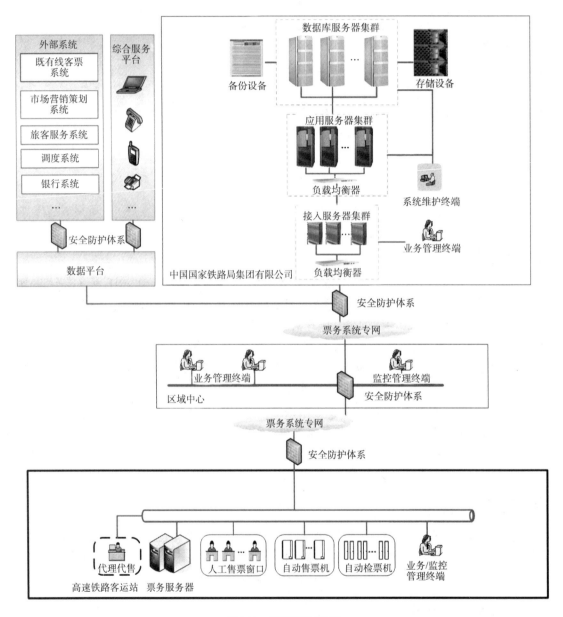

图1-11 售票系统结构图

二、售票处工作组织

售票处的工作是合理组织客流,是实现计划运输的重要环节。为保证旅客快速、准确地办理乘车手续,售票处必须严格按照售票计划发售客票并要有良好的工作组织。

图 1-12　售票系统信息处理流程图

(一)售票计划的编制

高速铁路与普速铁路最大的区别是旅客列车开行高密度,也使得旅客列车票额分配方式与普速列车存在极大不同。高速铁路客运站对列车票额分配的需求度也相对较低。

1.列车票额不实行人工分配

针对高速铁路旅客列车高密度开行的特点,高速铁路旅客列车票额分配取消了原来普速铁路旅客列车人工各站固定分配票额的传统方式,采取将全列票额集中存放始发站,并通过票额智能预分方式和票额共用、复用方式,解决沿途客运站运能问题。

2.票额智能预分

票额自动预分策略是一种新的售票组织策略,它在对列车的历史客流和近期客流分析的基础上,根据站间客流预测,进行票额预先分配,售票过程中与票额共用、复用策略相结合,从而达到对票额的科学、合理分配与运用。

(二)售票工作

高速铁路客运站售票是高速铁路客运组织的第一环节,是十分重要的。售票是一项细致的工作,既要有较快的速度,又要保证票款准确,同时要解答旅客问询。因此,售票员应具有熟练的售票技术和良好的工作态度,文明礼貌地为旅客服务,做到热情、细致、准确、迅捷,消灭责任误售。同时,客运站要在合适的位置安排自助售票机供旅客自行购票。

人工售票窗口主要办理售票、退票、改签、变更到站、挂失补办、中转签证、取报销凭证、学生证核验、身份证核验等业务,发售学生票、残疾军人票、乘车证签证等各种车票,支持现金、银行卡、线上支付软件等支付方式。

1.客票发售的基本流程

客票发售的基本流程如图 1-13 所示。

图 1-13 客票发售基本流程图

2. 发售车票方法

高速铁路客运站的售票方法与普速铁路客运站基本一致,在实行电子客票的车站,车票的发售方法如下。

1)售票(相关教学资源见二维码3)

按照"六字"(问、输、收、做、核、交)售票法进行售票。

问:问清到站、日期、车次、座别、张数,告诉旅客是否停车。

输:输入日期、车次、发站、到站、票种、张数及旅客购票款。

收:收取票款及二代身份证,确认票款金额。

做:再次与旅客确认购票信息,按制票键,打印购票信息单。

核:复核售票信息、张数及找零款。

二维码3

交:将购票信息单和找零款一起递交给旅客,同时唱报到站、张数、找零款。

2)退票

旅客在互联网上购买电子客票未取报销凭证的直接在互联网办理退票即可,如在窗口使用现金购买车票及已领取报销凭证的,售票员需要按照下列"五字"(看、输、核、盖、交)退票法办理退票,做到认真核对,不退无效车票和禁退车票。

看:看清报销凭证票面是否有效。

输:用扫描仪进行认证,输入票号。

核:核对票面记载项目,确认应退票款。

盖:加盖"退"字戳记,收回报销凭证。

交:将应退票款和退票报销凭证一并递交旅客,同时唱报,按键恢复退票状态。

(三)交接班工作

高速铁路客运站一般实行电子售票的交班工作。

(1)交班售票员应确认、登记空白票未售起号及窗口票卷、碳带、打印纸实存数量。

(2)清点票款,留足备用金。

(3)输入封款金额,退出售票系统,关闭窗口机电源,拔出 USBkey;整理登记报销凭证回收情况,按规定手续交款;对售票设备进行维护保养,整理工具、备品等。

(4)接班售票员确认空白票未售起号,认真登记;接清窗口备用碳带、票卷和打印纸数量,清点备用金;检查售票设备、资料及工具、备品,签字交接。

1. 任务书

2021年3月21日,沈阳北站一位旅客到售票窗口,要购买3月23日G1234次沈阳北站—上海虹桥的二等座车票两张,要求两个座位是相邻的。请编制沈阳北站售票员从旅客走近窗口至发售完车票旅客离去的整个作业过程,并进行模拟演练。

2. 任务分组

班级		组号	
小组成员及分工	姓名	学号	分工

3. 评价考核

项目名称	评价内容	分值	评价分数		
			自评	互评	教师评价
职业素养考核 (30%)	着装规范	5			
	责任意识	5			
	交流表达能力	10			
	服务意识	10			
专业能力考核 (70%)	服务语言恰当	15			
	作业流程正确	15			
	作业过程规范、准确	40			
总分		自评(20%) + 互评(20%) + 教师评价(60%) =			
综合等级					

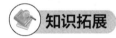
知识拓展

互联网售票功能介绍

铁路互联网售票是指通过中国铁路客户服务中心网站(以下简称"12306网站")销售铁路电子客票及其改签、变更到站、退票等业务。铁路电子客票是以电子数据形式体现的铁路旅客运输合同,与纸质车票具有同等法律效力。铁路互联网售票范围、购票方式以及铁路电子客票的使用范围、使用方式、办理铁路电子客票业务的售票窗口等事项均以12306网站和车站公告为准。

旅客在12306网站(含铁路12306手机App,下同)注册及购票时,可使用居民身份证(包括中华人民共和国居民身份证、港澳台居民居住证、外国人永久居留身份证)、港澳居民来往内地通行证、台湾居民来往大陆通行证、按规定可使用的有效护照四种证件,并按12306网站的提示输入相关信息后,方可网购车票。

中国铁路12306网站售票功能主要有以下几个方面。

一、业务方面

1. 售票业务

票种选择界面如图 1-14 所示。

图 1-14 票种选择界面

2. 选座功能

系统支持 C、D、G 字头的动车组列车选座，此功能仅提供座位相对关系选择，如果剩余车票不能满足需求，系统将自动分配席位。如不选择座席，直接点击"确定"按钮，系统将自动分配席位。选座功能界面如图 1-15 所示。

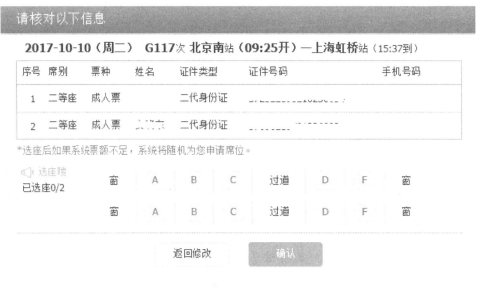

图 1-15 选座功能界面

3. 换乘接续功能

1) 选择接续换乘服务

在没有符合出行需求的车票时，可使用接续换乘功能，查询途中换乘一次的部分列车余票情况。两站间有无直达列车均可办理，如图 1-16、图 1-17 所示。

2) 注意事项

(1) 系统展示途中换乘一次的部分列车余票信息，购票时需充分考虑各种影响换乘的因素，并自愿承担因自身或第三方等原因导致延误换乘的风险，并根据实际情况，选择是否购票，购票后合理安排时间，及时换乘。

(2) 遇有旅客列车晚点或其中一段停运等铁路原因影响接续换乘的，退票时按规定不收取退票费。

图 1-16 两站间无直达列车

图 1-17 两站间有直达列车

4. 改签、变更到站、退票业务

旅客在中国铁路 12306 网站购票后,尚未领取报销凭证的,可以在 12306 网站办理铁路电子客票改签、变更到站、退票业务;已经领取报销凭证的,只能在车站办理。

5. 保险业务

铁路旅客人身意外伤害保险(以下简称"乘意险")为自愿投保,旅客在 12306 网站投保时需阅读并同意《铁路旅客人身意外伤害保险条款(A 款)》和《铁路旅客人身意外伤害保险(指定行程)投保须知》。

6. 候补购票业务

候补购票服务是指旅客通过 12306 网站和"铁路 12306"手机 App 购票,如遇所需车次、席别无票时,可自愿按日期、车次、席别提交购票需求,并在预付票款后,售票系统自动安排网上排队候补。当对应的车次和席别因退票、改签等业务产生可供发售的车票时,系统自动兑现车票,并将购票结果通知购票人,购票优先级和成功率都领先于抢票软件。

2019 年 5 月 22 日起,12306 网站在前期试点的基础上,将铁路候补购票服务扩大到所有旅客列车。候补购票功能为旅客提供了更加安全、方便、快捷的购票服务,也有利于铁路部门及时掌握旅客出行需求,科学组织列车开行,让运力安排更加精准,旅客购票有更好的体验。

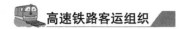

为了保证候补购票需求的真实性,在申请该项服务前,用户须进行人证一致性核验。目前已通过人证一致性核验的用户及激活的"铁路畅行"会员,可自动获得该项服务。用户可通过铁路12306手机App个人中心的人证核验入口按引导完成验证。

二、信息查询服务

(1)保险查询。
(2)余票查询。
(3)旅客列车时刻表查询。
(4)旅客列车正晚点查询。
(5)票价查询。
(6)客票代售点查询。
(7)客运营业站站点。

三、其他服务

(1)年满12周岁的自然人可申请成为"铁路畅行"常旅客会员,登录12306网站进入个人中心,点击成为会员即可加入,可以参加积分累积奖励活动。申请人信息必须由本人提供,信息应真实、准确。每名会员仅可拥有一个会员账户,以申请时所使用的有效身份证件为依据,不接受同一人重复申请,也不接受法人或其他非法人组织的申请。

(2)提供列车途中订餐服务。

(3)为进一步完善12306网站购票服务,铁路局集团公司与快递(物流)企业在12306网站试行开展车票快递服务,12306网站已注册用户(以下简称"客户")在网站购票时,可自愿选择车票快递服务。

(4)12306网站提供重点旅客预约、遗失物品查找等人性化帮助。此外,12306网站还提供一些铁路旅行常识,铁路规章供旅客旅行时作为参考。

任务1.4 高速铁路客运站旅客服务工作组织

 教学目标

◇ **知识目标**

1.掌握高速铁路客运站服务工作的总体要求。
2.掌握高速铁路客运站各岗位的服务工作内容。

◇ **技能目标**

1.能按照高速铁路客运站各岗位作业要求完成服务工作。
2.能根据旅客的需求进行有针对性的服务。

项目1 高速铁路客运站工作组织

"G2286次开始检票放客。"2021年2月8日上午8:30,当客运站广播声响起时,赣州西站客运值班员董某又开始了她忙碌的一天。这一趟列车,只是她每天要接应的21趟列车中的一趟。

董某是中国铁路南昌局集团公司赣州车务段一名客运值班员。在工作中,除了正常地接发高铁与列车长进行站车交接之外,她还要处理各种突发情况。比如,帮助旅客寻找遗失物品、帮助特殊旅客提拿行李等。在候车室和站台上总能看到她的忙碌身影,她不停地穿梭在人群中,以至于一次值班下来她需要走两万多步。

董某作为班组长,她除了督促好班组人员做好自身防护和测温工作外,面对列车交接的发热旅客,董某总是第一时间冲上前去做好交接工作,在运输一线展现出一名铁路人的使命和担当。截至目前,董某共主动交接26余名发热旅客。

"文明服务温暖旅客心,真诚相待感动旅客心,无私奉献贴近旅客心。"这是董某对客运工作的理解,也是她对客运工作践行的理念。董某正用自己的实际行动在平凡的工作岗位上奉献着自己的青春,温暖了南来北往的无数旅客。

请同学们根据自身经历,思考下列问题:
1. 高速铁路客运站服务工作内容都有哪些?
2. 客运值班员在高速铁路客运站的服务中起到了什么作用?
3. 高速铁路客运站站车交接都交接什么?

随着国民经济的不断发展,人们出行的需求也在不断增加,尤其是在高速铁路迅速发展的今天,运输能力不再是限制因素,高速铁路也不再以完成运输任务为目的,而是将在旅客旅行过程中为其提供更优质的服务作为首要目标。

旅客服务工作要树立"全心全意为人民服务"的思想,坚持"全面服务,重点照顾"的原则,要以"人民铁路为人民"为宗旨,做到"三要"(对待旅客要文明礼貌,纠正违章要态度和蔼,处理问题要实事求是)、"四心"(接待旅客热心,解答问题耐心,工作认真细心,接受意见虚心)、"五主动"(主动迎送旅客,主动扶老携幼,主动解决旅客困难,主动介绍旅行常识,主动征求旅客意见)的优质服务,对重点旅客要做到"三知三有"("三知"是指知座席、知到站、知困难,"三有"是指有登记、有服务、有交接),重点服务,使人民放心,使人民满意。

相关教学资源见二维码4。

二维码4

一、问讯处的服务工作

高速铁路客运站问讯处的基本任务是正确、迅速、主动、热情地解答旅客旅行中提出的有关购票、乘降、中转、集散等方面的各种问题,使旅客在购票、上车及中转换乘等方面得到便利。问讯处应设置在旅客集中的进出站口、综合大厅、站前广场等处。人工问讯服务应根据客流动态及车站具体情况进行宣传和组织工作,尽可能使旅客在旅行中不发生错误口头解答,问讯时要做到"有问必答、答必正确、百问不厌",让旅客满意。

旅客在高速铁路客运站可通过自助查询设备获取候车信息及车站相关信息(图1-18),也可以通过询问服务台工作人员来获取相关旅行信息及换乘信息(图1-19)。问讯处(服务台、遗失物品招领处)位置适当,标志醒目,配备信息终端和存放服务资料、服务备品的设备。旅客在车站所需信息包括:客运业务类服务信息,如列车基本情况信息、列车运行动态信息、交通换乘信息等;通告和旅行常识类信息,如车站通知、引导揭示信息、铁路常识、法律法规、旅行常识、旅行安全、旅行服务、服务监督电话、服务设施设备布局和使用说明等;社会服务类信息,如旅游、住宿、城市交通、气象、新闻、娱乐、医疗、金融等。

图1-18 自助查询设备功能图

图1-19 问讯处

二、实名制验证及安检服务工作

1. 实名制验证

为落实相关规章制度,要求所有客运站对进站乘车旅客100%实行实名制验证。

各客运站设有相对独立的验证口、自动人脸识别验证设备、验证区域、验证通道和复位口、公安制证口等实名验证设施。人工验证台配备一套验证设备联网运行,与自动人脸识别验证设备共同使用,同时与公安网的实名制比对系统连接,确保旅客进站通畅。自助实名验证设备如图1-20所示。

2. 安检工作

为了维持铁路站、车秩序,保证旅客的旅行安全,铁路运输企业依据法律、行政法规和国铁集团规定,对旅客携带物品和托运的行李进行安全检查。从事安全检查的工作人员,应当佩戴安全检查标志,依法履行检查职责,并有权拒绝不接受安全检查的旅客进站乘车。

安检工作采用仪器和人工手检的方式。安检设备如图1-21所示。在特殊时期或者安检仪报警时,可采取人工开包查验的方式,以"不漏、不堵"为目标,全力做好安检查危工作,客运站实行"分流疏导、引导过机、值机检查、手工检查、情况处置"的安检模式,严卡进出站通道,强化旅客人身和携带行李"全覆盖"安检,做到"人人过门、件件过机",严防易燃、易爆危险品进站上车。

三、候车室服务工作

高速铁路客运站候车室本着"以人为本"的服务理念,向旅客提供"便捷、舒适、优质"的服务。候车室的旅客流动性很大,高速铁路客运站必须为旅客创造一个良好的候车环境。

候车室(区)旅客可视范围内设有客运人员,及时巡视、解答旅客咨询和妥善处置异常情况。特大、大型客运站设有值班站长。候车区具备车票改签和自助取票功能。贵宾候车区按规定配备专职服务员以及验证终端等服务设备,提供免费小食品、饮品、报刊等服务。大型高速铁路客运站候车室如图1-22所示。

图1-20　自助实名验证设备

图1-21　安检设备

(1)候车区布局合理,方便旅客。候车室内商业场所、位置、面积、业态布局统一规划,不占用旅客候车空间,不影响旅客乘降流线,不遮挡旅客服务信息;统一标志,统一服务内容,统一服务标准,有商业经营管理规范,对经营行为有检查、有考核。

(2)高速铁路客运站不仅要为普通旅客提供便捷、舒适、优质的服务,还应该满足特殊旅客的各种需求,车站为老、幼、病、残、孕等重点旅客及重要旅客(VIP)设置了重点旅客(VIP)候车区,专门为母婴旅客设置母婴候车室、哺乳室,方便旅客出行的同时,尽显高速铁路客运站的"人性化"服务理念。母婴及重点旅客候车区如图1-23所示。

图1-22　大型高速铁路客运站候车室

图1-23　母婴及重点旅客候车区

(3)配备适量座椅,摆放整齐,不影响旅客通行。

(4)设有饮水处,配备电开水器,有加热、保温标志,水质符合国家标准要求。可开启式箱盖的电开水器加锁,箱盖与箱体无间隙。

(5)设有卫生间,厕位适量。有通风换气和洗手池、干手器等盥洗设备,正常使用,作用良好;厕位间设置挂钩;洗手间应指定专人清扫,做到勤打扫、勤冲刷,洁具保持常新、干净,适时地开窗通风,保持地面干燥,洗手池、台面、镜面不留水迹。

(6)电梯正常启用,作用良好。安全标志醒目,遇故障、维修时有停止使用等提示,操作人员持证上岗(仅操作停止、启动、调整方向的除外)。

(7)候车服务引导,可利用广播、电子指示牌等,及时告知、引导旅客提前到达指定的候车检票地点。

四、检票服务工作

1. 进站检票服务

高速铁路客运站采用以自动检票闸机为主、以人工检票口为辅的检票方式。通道数量适应客流情况,并设有商务座旅客快速检票通道。设两侧检票口的,对长编组、重联动车组列车同时开启两侧检票口。按照"先重点、后团体、再一般"的原则,引导旅客通过自动检票机、人工检票通道并分别排队等候,检票进站,宣传自动检票机的使用方法,提醒旅客拿好车票或身份证,防止尾随闯闸。具备居民身份证自动识读检票条件的自动检票机正常启用功能,人工检票口核验车票和其他乘车凭证,对车票加剪。具体包括以下工作:

(1)开始、停止检票时间的设置应适应客流量和站场条件,进站口有提前停止检票时间的提示。始发列车检票时间不晚于开车前30分钟。开始检票或列车到站前,通告车次、停靠站台等检票信息。

(2)宣传好列车情况。积极配合广播室及时、准确、清楚地通告列车运行情况,让旅客做到心中有数而不慌忙奔跑。

(3)检票时应组织好检票秩序。提前在检票口挂出指示牌,并通过电子引导装置不间断显示,可采取提前检票、分段检票、分行检票等方式组织检票,让整个候车室在检票时始终保持检票、秩序的井然有序,安静而文明。

(4)人工检票时,应做到"一看,二唱,三下剪",干净利落,有条不紊地进行操作。

(5)检票后,检票员应主动把车票递到旅客手中。

(6)如果发现有个别旅客扰乱秩序,检票员应该用和蔼的语气进行劝阻。

(7)应遵守"先重点(老、弱、病、残、孕、带婴儿的旅客)、后团体、再一般"的原则。

(8)杜绝无票人员(车站同意上车补票的除外)及闲杂人员进站,做到"六不放"[携带"危险品"不放,携带品超重不放,携带品超限不放,减价不符不放,儿童单独旅行不放(经铁路认可除外),精神病患者无人护送不放]、"两消灭"(消灭误检、漏检)。

对无票、日期车次不符、减价不符、票证人不一致等人员按规定拒绝进站乘车。停止检票前,通告候车室,无漏乘;停止检票时,关闭检票口,通告候车室和站台。

2. 出站检票服务

(1)出站检票人员提前到岗,检查自动检票机、出站显示屏状态和内容。引导旅客通过自动检票机和人工检票通道检票出站,具备居民身份证自动识读检票条件的自动检票机正常启用功能,高速铁路客运站以自动检票闸机为主要出站方式。

(2)人工检票口核对车票及其他乘车凭证,对未加剪的车票补剪,秩序良好,防止尾随。

(3)对违章乘车旅客及旅客的违章携带品正确处理,票款收付准确。列车出站后及时清理站台、通道无滞留人员。

(4)做好晚点列车的广播通告工作。

(5)做好旅客到站后的安全宣传工作,保证旅客安全、有序地出站。

五、旅客乘降工作

旅客乘降工作组织的主要内容包括旅客进出站引导和站台乘降组织等。

1. 旅客进出站引导

正确引导旅客主要依靠自动化的旅客导向指示设备。旅客导向指示设备主要应从站外、站内、车上及网上四个方面为旅客提供信息服务，以便旅客能清楚地了解各次列车的发到时间、始发站、经停站、终到站、列车编组、客票发售、列车运行等列车运行信息。旅客导向指示设备应广泛地设在各个进出站口、综合大厅、售票厅、地上地下电梯处，各种固定引导标志和电子显示应十分醒目、清晰。每个进、出站闸口要设置摄像机，密切监控旅客的情况，一旦发现特殊情况，工作人员能立即出动，快速处置。在车站的地点处所、旅客的行进路线均应设置固定导向标志，如图1-24所示。

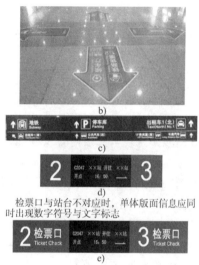

图1-24　固定导向标志

2. 站台乘降组织

站台上通过设备以不同的颜色标区分不同线路的列车，以鲜艳的颜色标出候车安全线，在站台地面上设置明显的各种车型门位标记和排队标志等，引导旅客排队上车。站台上车厢门位标记和动态导向标志，如图1-25所示。

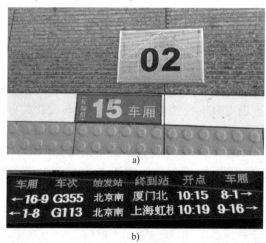

图1-25　站台导向标实物图

六、站、车交接工作

1. 站、车交接位置

站台客运值班员(客运员)应在规定位置(办理站、车交接,短编组动车组列车在4、5号车厢之间,长编组动车组列车在8、9号车厢之间,重联动车组列车在列车运行方向前组第7、8号车厢之间)与列车长办理业务交接,站、车交接固定在列车餐车位置,重联时为前组的餐车。列车长与车站客运值班员(客运员)办理完交接,确认车站开车铃结束,车站确认列车旅客乘降、上水、吸污和高速铁路快件、餐车物品装卸作业完毕后,使用无线对讲设备通知列车长与客运有关的作业完毕,通知司机或随车机械师关闭车门。动车组重联运行时,后组列车长向前组列车长报告,由前组的列车长负责通知司机或随车机械师关闭车门。

2. 站、车交接礼仪

客运值班员(客运员)在站、车交接,接受检查时行举手礼;列车长在站、车交接,接受检查时行举手礼;列车员在列车进出站时,面向站台致注目礼。

3. 常见的站、车交接内容及办理方法

(1)遇有旅客列车晚点发生旅客情绪激动等情况时站、车交接的办理。

有旅客列车晚点导致旅客情绪激动等情况,列车长应立即向列车终到站所在局客运调度员报告,特殊情况可向国铁集团客运调度员报告,了解列车晚点原因,报告车内情况和求协助解决的问题,组织乘务员积极主动做好服务,晚点30min以上时,应做好向旅客致歉、解释工作;对终到晚点30min及以上动车组列车、其他列车晚点旅客反应强烈需要接车时,车站站长、派出所长须组织客运、公安等有关人员,提前到站台接车,组织旅客下车出站,并做好向旅客致歉、解释等工作。

(2)列车严重晚点,影响旅客后续乘车时,站车交接的办理。

由于列车晚点影响旅客后续乘车时,列车长应制客运记录一式两份,注明列车图定运行时刻、晚点时分、旅客所持联程票接续乘车时刻等事项,与车站值班员签认交接后,交旅客办理改签、退款手续。

(3)列车接到寻找旅客遗失物品通知并找到物品时,站车交接的办理。

列车接到寻找旅客遗失物品通知并找到物品时,应与查找站取得联系,同时编制客运记录一式两份,与客运值班员签认交接后各持一份。记录详细注明品名、件数等,移交列车前方停车站,记录中须注明转送查找站。

(4)站、车发现使用辅助工具的特殊重点旅客时,站、车交接的办理。

①始发站对进入本站候车区域内以及到达本站的重点旅客要进行重点照顾,协助旅客办理进出站、候车、乘降、行包托运等业务。对确需帮助重点照顾(使用担架、轮椅等辅助工具)的旅客,旅客乘车站要填写"特殊重点旅客服务交接簿",与列车办理交接,做好交接记录。

②列车对车站移交车内发现的重点旅客要进行重点照顾,解决重点旅客的旅途困难,到站时与车站办理交接。对于行动不便、无人护送、重病等需要车站安排人员接车的重点旅客,列车长应填写"特殊重点旅客服务交接簿",及时向到达局客运调度员汇报,明确提出重

点旅客需要帮助的内容,由客运调度员通知重点旅客到达站客运室提前做好接车准备。对旅客信息和站车交接情况列车要有记录,客运调度员要做好记载。

③到达站要按照客运调度员通知列车移交的重点旅客,认真、及时地做好旅客出站、救助等协助工作,对处理情况做好记录。

④"特殊重点旅客服务交接簿"使用纸张大小为32开,车站为三联无碳复写,列车为两联无碳复写,颜色统一为发站联白底黑字、列车联粉底黑字、到站联黄底黑字。"特殊重点旅客服务交接簿"填记要完整,字要清晰,明确专人,按局顺、日期保管,保存一年备查。

七、广播宣传工作

广播系统可与旅客进行最直接的交流,发布实时的公告。它包括广播铁路时刻表信息、列车运行时刻、票务信息、站内设施说明、旅客乘车信息、紧急公告、背景音乐、安全提示及旅行相关信息等。广播信息要统一、易懂、完整、简洁、准确。客运站的广播,对旅客起着向导作用。高速铁路客运站利用旅客服务系统集成平台播放广播,可将客运站的接发车准备、检票、清扫及整顿秩序等工作及时传达给工作人员,对客运工作人员起着指挥生产的作用,以便按照统一的作业过程,有条不紊地完成各项工作。通过广播,将列车的到达、出发时刻及其他有关事项通知候车室、广场和站台上的旅客,以便组织旅客及时进出站和上下车。

1. 广播宣传工作作业内容
(1)掌握旅客服务系统广播计划模块内容,认真执行操作过程。
(2)介绍服务班组、服务处所及服务项目。
(3)与运转部门联系列车正晚点、车体到站、股道运用情况。
(4)进行列车预告,通知各岗位做好接车准备。
(5)配合服务作业,根据广播计划,宣传安全、卫生、旅行常识和旅客须知等有关事项。
(6)做好候车服务、检票作业、站台接送车、出站验票的宣传组织工作。
(7)列车晚点及时通告,晚点30min应播放致歉词。

2. 作业质量标准
(1)二等以上客运站采用语音自动合成系统播音。
(2)广播应有针对性、计划性、艺术性、思想性,常播内容录音化。
(3)播音时,使用普通话,有条件的车站同时使用外语和方言。
(4)用语规范,内容准确,播音清晰,音量适宜,时间适当。
(5)不漏播、不晚播、不错播,不得擅自广播未经审核的内容。
(6)消灭责任设备损坏事故。

八、旅客物品寄存工作

寄存处是指为旅客临时保管随身携带品的场所。做好寄存工作能给上车前、下车后的旅客创造便利条件。对于体积小,重量轻,存取时间集中、紧迫的寄存物品。为安全、正确、迅速地做好寄存工作,应设置带格的物架,对寄存物品实行分区、分堆、分线保管。寄存可分别采用自动化设备(密码箱等)与人工服务的方式,方便旅客选择。

对于笨重大件的或集体旅客寄存的大批物品可堆放在一起分堆保管,易碎品应固定货位存放。在大的客运站现已采用电子技术控制的双控编码锁小件寄存柜,旅客可自己选定号码开柜,既安全又方便,为车站服务人员的管理工作创造良好条件。

1. 小件寄存处作业内容

(1)按规定公布收费标准和寄存须知。
(2)严格执行查危工作,防止夹带危险品及国家禁止运输的物品。
(3)按规定填写暂存票,注明品名、包装、日期、件数等。
(4)根据寄存日期、重量,核收暂存费,在暂存票上加盖"交付讫"戳记后,将行李交旅客。

2. 作业质量标准

(1)收费标准有批准执行文号。
(2)暂存物品包装良好、顺号摆放整齐,易于查找,票据填写认真准确。
(3)无闲杂人员入内,自找自取,暂存品中无禁止暂存的物品。
(4)认真办理领取手续,无误交付。
(5)逾期未取的物品按无法交付物品办理。

九、其他服务工作

1. 环境美化

高速铁路客运站是旅客聚集的地点,做好客运站的清洁卫生、站容整顿和绿化工作,既可以美化站容、净化空气,又为旅客旅行提供良好的环境。

(1)客运站站容要求达到庄重整洁,美观大方,设备齐全,标志明显。搞好绿化,栽种树木以常青树为宜,并采取乔木和灌木、花树和花卉相结合的绿化方法,有规划地绿化车站。合理安排站前广场上各种车辆的停靠位置和走行通道,统一布置大型宣传广告和标语。

(2)客运站卫生要求达到窗明地净,四壁无尘,内外清洁,消灭四害。为此,要保持客运站的卫生,必须建立日常清扫与定期突击相结合的管理制度,按班组划分清洁区,分片包干和专人负责相结合,执行检查评比制度并定期公布。

2. 文化生活

高速铁路客运站设置的旅客文化生活服务设施包括如下:

(1)书报阅览室。高速铁路中型及以上客运站设置在候车室或进站广厅内,室内布置整洁、明亮,备有足够数量的桌椅、书报、杂志并按期及时调换,旅客可借用报刊和文娱用品。

(2)电视厅、电影院。在较大的客运站设有电视厅、电影院,放映时间应根据车次、客流情况而定。

(3)餐厅、茶室。为满足旅客在饮食方面的需要应设置餐厅;条件许可的,可增设茶室。在候车室内,应经常保持足够的供旅客饮用的开水。茶室应按要求消毒。

(4)售货部。候车室内应设有小卖部,在大型高速铁路客运站还可开设商场,供应旅客在旅行生活中所需的商品,从而使车站转变为多功能的服务场所。

3. 应急处理

此项工作在高速铁路客运服务工作中不能忽视,在发生旅客拥堵、突发疾病、服务纠纷、特殊群体事件、自然灾害、刑事犯罪案件等情况时,必须尽快化解。应急反应工作有两个重点:一要制订预案,对各种情况处理做到心中有数或有章可循;二要明确各部门的岗位责任。为了保证旅客安全,能及时处理站内突发的紧急事件,维护站内良好的秩序,客运站应配备应急求助设备,包括应急电话、应急售票窗、医药箱、应急中心、求助电话、信息终端、失物招领处、求助台、服务台等。

 任务实施

1. 任务书

旅客张某通过12306网站购买了G1234次旅客列车沈阳北站—上海虹桥站的二等座车票,由于身体原因,需要借用客运站的轮椅。请编制客运站客运班组在沈阳北站对旅客王某的整个服务过程,并进行模拟演练。

2. 任务分组

班级		组号	
小组成员及分工	姓名	学号	分工

3. 评价考核

项目名称	评价内容	分值	评价分数		
			自评	互评	教师评价
职业素养考核 (30%)	着装规范	5			
	安全意识	5			
	团队合作能力	5			
	交流表达能力	5			
	服务意识	10			
专业能力考核 (70%)	客运班组分工合理	15			
	作业流程正确	15			
	作业过程规范、准确	40			
总分	自评(20%) + 互评(20%) + 教师评价(60%) =				
综合等级					

任务1.5 高速铁路客运站旅客服务系统运用

教学目标

◇ 知识目标
1. 掌握高速铁路客运站旅客服务系统功能结构。
2. 掌握高速铁路客运站旅客服务系统工作流程。

◇ 技能目标
1. 能够按照综控员岗位要求进行日常基本作业。
2. 会使用旅客服务系统到发管理模块进行调度计划的调整。
3. 会使用旅客服务系统到发管理模块进行广播计划的执行。

任务导入

2021年×月×日,营口东站G8116次列车晚点到达,进入2站台,但是客运站没有进行检票。列车马上就要开了,这时客运调度员发现营口东站检票口有旅客骚动,更有旅客跳过检票机想要冲入站台。客运调度员及时联系了车站综控室。综控室及时进行补救,通知站台客运员不要发车,并播放了该车次的检票广播,通过电台通知检票组检票放行旅客。待旅客都上车之后,列车缓缓驶出营口东站。

请同学们根据自身经历,思考下列问题:
1. 检票时检票口显示屏有什么变化?
2. 进入站台乘车时,站台上的显示屏显示什么?
3. 在什么情况下车站会播放广播?

理论知识

客运服务系统是在现代高速铁路管理思想、服务理念和当今最新信息技术系统的基础上,按照统一的服务标准、统一的经营策略、统一的管理机制、统一的技术架构,建立的信息高度共享、资源高效利用、运行安全可靠的综合完整的服务系统。客运服务系统包括票务系统和旅客服务系统。

票务系统由窗口售票系统、自动售票系统和自动检票系统组成。票务系统实现票务业务的集中处理,支持多种销售方式、多种支付形式,提供自助票务服务,保证快捷、准确、安全地完成围绕客票销售的各类业务,为旅客提供高质量的票务服务。

旅客服务系统是以集成管理平台为核心,由导向揭示系统、广播系统、监控系统、时钟系统、查询系统、求助系统、寄存系统、安检系统、站台票发售、门禁系统等子系统组成,连接火灾报警和楼宇自控等外部系统,实现对本站旅客服务系统的集中监视和控制,完成系统间信息共享和功能联动,紧急情况下接受区域中心代管;根据线路情况,可对邻近中、小车站进行代管;以科学合理的布局配置服务终端设备,为旅客提供导向、广播、时钟、投诉、查询、求助、呼叫、站台票发售、寄存、无线上网、人工服务等多样服务。

一、旅客服务系统结构

旅客服务系统是指采用信息采集、网络传输、广播、显示等设备,与列车调度指挥、客票发售和预订系统等接口,利用信息集成技术,为旅客进出车站、乘车等提供实时信息,并对各子系统设备进行集中监控和管理的信息系统。随着高速铁路的快速发展,旅客服务管理模式从车站独立运行模式发展到中心站代管小站模式,再到铁路局集团公司集中管控模式,旅客服务系统集成化程度和自动化水平逐步提高,为旅客服务系统的整体管理水平和服务质量的提高提供了技术手段保障。高速铁路旅客服务系统按照各铁路局集团公司不同的管理模式,结合实际运行情况,可采用的管理模式包括铁路局集团公司集中管控模式、中心站代管小站以及车站独立运行模式。旅客服务系统结构图如图1-26所示。

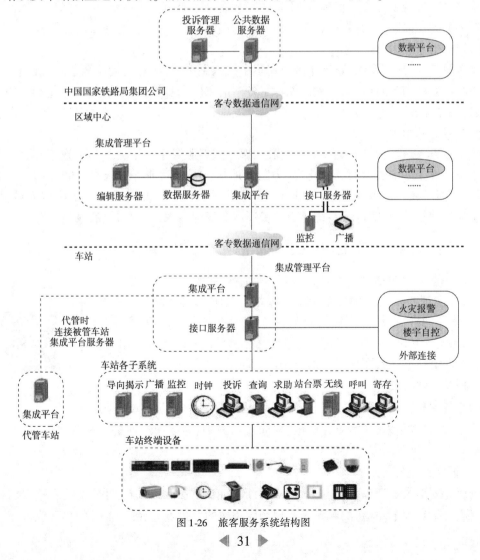

图1-26 旅客服务系统结构图

二、旅客服务系统特点

1. 集成度高,管理跨度广

旅客服务系统平台具有高度集成的特性,在独立车站和以铁路局集团公司为中心代管小站的基础上扩展了对以线为基础的管理方式的支撑。旅客服务系统平台的业务管理在以站为核心的基础上扩展了以列车为核心的方式,对列车途经的各站进行集中统一管理,加强站与站之间的业务管理和协同,提供了更高的业务集成和更广的管理跨度。

2. 高扩展性

旅客服务系统平台具有更高的扩展性。虚拟化和私有云技术的采用在技术上突破了硬件资源的约束,旅客服务系统平台可以根据建设和运营管理的需求,在保持体系架构不变的基础上,通过横向和纵向灵活扩展,节约了管理人员的投入及设备的投资。

3. 高可靠性

旅客服务系统平台具有更高的可靠性。旅客服务系统平台的集中部署和集中管理允许对系统进行更大规模的集群管理,把原来的冗余设计转变为多备设计,大大降低了局部系统故障对整个系统的影响,并降低了系统的安全管理风险。

4. 统一信息接入

旅客服务系统平台在铁路局集团公司集中接入调度、售票和自动检票信息,既提高了信息采集的可靠性和实时性,又极大地保障了各站信息的同步性,为系统的统一化和集中化管理提供了良好的基础。

5. 高资源利用率

旅客服务系统平台具有更高的资源利用率。旅客服务系统平台的集中设置和虚拟化技术的采用实现了系统资源的逻辑化,最大限度地平衡了各站业务需求在时间上和空间上的不均衡,提高了硬件设备的利用率。同时,集中化的管理进一步减少了系统维护人员,提高了系统的管理水平,并降低了系统对于机房环境资源的需求,实现系统的绿色运行。

三、旅客服务系统功能(相关教学资源见二维码5)

集成管理平台包括到发管理、广播管理、导向管理、监控管理、设备管理、信息管理和系统管理等七个功能模块。其中,到发管理、广播管理、导向管理、监控管理等模块主要负责车站业务方面的管理,而设备管理、信息管理和系统管理主要负责车站设备和平台系统层面的管理。旅客服务系统功能结构图如图1-27所示。

二维码5

1. 到发管理功能

到发管理功能包含调度计划、客运计划、广播计划、客票系统(TRS)数据比较、列车时刻表、广播业务模板、导向显示规则、客运组织业务模板、计划生成九大功能模块。

(1)调度计划。

调度计划提供了列车的发点、到点时间,股道变更的调整功能,同时提供信号(预告、车底到、临站开出、列车停稳)的触发来实现相应车次的广播业务、导向业务的自动执行。

项目1 高速铁路客运站工作组织

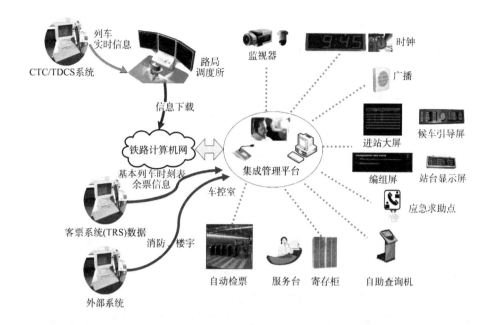

图1-27 旅客服务系统功能结构图

(2)客运计划。

客运计划是整个客运站所有业务计划的核心,只有从调度计划中获取准确的列车到发信息,客运站的其他业务计划才能依照客运计划顺利执行,相关的客运服务业务才能开展。客运计划提供了列车客运组织业务调整的功能,包括客运组织计划的调整和客运组织信号的调整。其中,客运组织计划的调整包括进站检票时间变更、候车室检票口变更、编组变更;客运组织信号调整包括进站立即开检、进站立即停检。

(3)广播计划。

广播计划是指对本客运站的广播业务制订的业务计划,其使用者是广播员。通过广播计划的执行,可以给本站旅客在进站、候车、检票、乘车与下车、出站和接站过程中提供听觉方面的引导。

(4)客票系统(TRS)数据比较。

集成平台自动接收客票系统(TRS)发送的图定列车时刻和客票信息,并自动与平台中的数据进行比较,并将结果显示于比较表中。业务维护人员根据比对结果和车站实际业务需要进行处理,待业务维护人员手动处理后,将结果更新到平台系统中的列车时刻表。需要注意的是,平台只允许处理当天的客票系统(TRS)数据比较信息。

(5)客运组织业务模板。

客运组织业务模板界面提供了对列车时刻表中本站运营列车进行客运组织的相关配置,配置内容包括股道、站台、候车室、检票口、闸机、编组、开停检时间基准、开停检相对时间、广播业务。

(6)列车时刻表。

列车时刻表是集成平台到发管理最基础的数据,它的正确与否会直接关系到客运站相关作业的准确执行。列车时刻表主要具有车次查询、列车时刻表编辑(添加、修改、删除)、列车停开、开行规律设置、开行规律预览等功能。

(7)广播业务模板。

广播业务模板主要为列车业务,根据到点或发点时间基准及触发信号,在不同的作业区域配置不同的作业内容。

(8)导向业务显示规则。

导向业务显示规则主要是指对到发数据在相应的显示屏上展示时机的配置,使显示屏能够按照一定的规则,在特定的时间下进行数据的展示。导向业务显示规则界面主要分为导向设备选择区和屏规则浏览区。点击"设置规则"按钮对屏规则进行设置或双击屏规则浏览区某设备信息。

(9)计划生成。

计划生成功能提供手动生成调度、客运、广播、导向计划(通常用于业务内容发生变更需要立即生效),计划生成功能的级别较高,所以对于列车时刻表中停开、不在有效期的车次都可以生成计划。

2.广播管理功能

广播管理是指对广播日常工作的应用及功能维护。广播管理功能模块包括人工广播、音量调节、广播分区、广播词模板维护。当发生紧急情况或广播业务临时变更,现有的广播计划无法满足需求时,广播员可通过广播计划外业务进行广播的人工干预,处理临时性广播业务,调节广播区音量,调整广播区分组,为旅客提供快捷的客运服务。

3.导向管理功能

导向管理是指在旅客进站、购票、候车、检票、乘车、出站等各个环节上为旅客提供及时准确的信息服务,为车站工作人员提供列车到发信息服务。导向管理主要功能包括如下:

(1)为旅客和车站的工作人员提供列车到发显示。

(2)售票窗口屏显示。

(3)候车乘车引导。

(4)综合资讯显示。

(5)公告发布。

(6)紧急情况引导疏散。

4.监控管理功能

监控管理是指操作人员通过视频监控功能,实时监视相关的工作区域,及时了解现场情况。监控管理主要功能包括:

(1)画面浏览。

(2)轮巡显示。

(3)PTZ(Pan Tilt Zoom,云台全方位移动及镜头变倍、变焦)控制。

(4)控制权锁定。

(5)图像抓拍。

(6)录像回放与下载。

(7)大屏幕控制。

5.设备管理功能

设备管理主要用于查看广播区、导向、PDP 显示屏、时钟、查询机等设备状态,监视旅客服

务系统相关终端设备的工作状况,并能准确地监控设备运行状态。设备管理主要功能包括:

(1)电子地图管理。

(2)广播设备状态。

(3)导向设备状态。

(4)PDP 设备状态。

(5)时钟设备状态。

(6)查询设备状态。

6.信息管理功能

信息管理是指用户针对业务需要对相关信息的查询,能及时、快捷、准确地获取信息。信息管理功能主要包括:

(1)列车信息查询。

(2)余票信息查询。

(3)到发通告。

四、旅客服务系统工作流程

旅客服务系统工作流程图如图 1-28 所示。

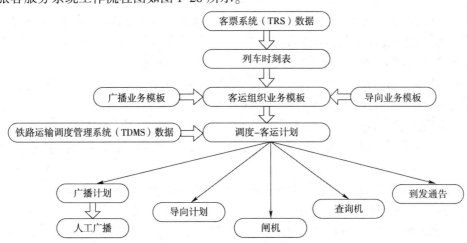

图 1-28 旅客服务系统工作流程图

(1)旅客服务系统以列车时刻表为基础,组织开展车站各类生产和服务业务。通过设置铁路局集团公司的客票系统(TRS)数据接口,从客票系统(TRS)获取列车时刻表信息,并具备手工编辑和调整时刻表功能,在旅客服务系统内形成系统可用的基础性数据。

(2)采用预设模板的方式,由操作员以列车时刻表为基础,根据所辖各站客运作业要求,制订各站客运广播导向显示自动检票等业务的作业计划,中心站旅客服务系统在设定时间生成作业计划,并将其下发到所辖车站数据库或终端设备。

(3)旅客服务系统将作业计划下发至各车站接口,所辖车站通过接口程序执行作业计划,按计划控制广播、显示屏、自动检票机等终端设备或控制器做出响应,开展车站客运组织和服务工作。

(4)通过设置在铁路局集团公司的铁路运输调度管理系统(TDMS)数据接口,获取实时列车运行信息,通过与列车时刻表的比对,按照预设的规则对所辖车站作业计划进行动态调整。

(5)通过设置在铁路局集团公司的客票系统(TRS)数据接口,按一定的时间间隔获取实时余票信息,分类下发到相应车站,按预设的格式展现在车站票额屏上。

(6)通过设置在中心车站的综合视频监控系统接口,获取所辖车站实时视频图像。通过网络采用无线语音技术,中心站旅客服务系统集成管理平台可对所辖车站现场进行无线语音指挥。

五、旅客服务系统作业内容

(1)广播(预告、开检、停检、站台宣传、出站宣传)。

(2)引导(进站屏、检票屏、通道屏、站台屏)。

(3)闸机(进站、出站)。

(4)统一作业时间(进站发点前 15min 开检、5min 停检;出站到点开检、30min 停检)。

(5)旅客服务系统根据时刻表及模板生成日计划,各系统按照日计划时间统一作业。

六、旅客服务系统应用和维护

旅客服务系统实行统一的设备技术标准、配置规范和软件版本。旅客服务系统的集成软件由国铁集团统一组织开发和更新,任何单位和个人不得擅自更换和修改。在旅客服务系统开发、升级或改造完成验收时,开发商应提供工程设计文件和操作说明书等资料,并提供必要的培训及售后服务使用单位需对旅客服务系统运行环境进行较大改变时,包括更换关键设备、通信网络改造以及应用软件管理等,按以下程序办理:

(1)使用单位与信息技术处协商后,向所属局管客运处提出书面申请,申请内容包括系统具体变更项目、时间、地点、方案、步骤、参与单位及负责人。

(2)客运处会同信息技术处对方案进行审定,由客运处向国铁集团提出书面申请。

(3)经国铁集团批复后,由客运处以文电形式下发变更安排,并会同信息技术处负责组织实施。

(4)需对旅客服务系统进行停机整修时,维修单位要征求车站意见,确定停机时间后,制订实施方案,在明确替代措施基础上,经客运处和信息技术处备案后方可组织实施。

(5)对影响旅客服务系统稳定运行的调试、测试等工作,应在空闲时段进行。当其他单位(部门)因检修设备需中断机房电源或通道时,必须向车站提报详细方案,征得同意后方可实施。

(6)使用单位要明确相关系统操作、设备管理人员的岗位职责,确定相应的管理和使用权限,制定日常工作制度、标准及管理维护制度,建立系统设备管理台账,并严格落实。车站负责集成管理平台用户的增加、删除、修改及权限的设置。在进行人员调整时,应立即变更用户名、权限、口令等相关事项。

任务实施

1. 任务书

G1234 次旅客列车(长春—上海虹桥)在沈阳北站的发车时间为 11:06,正点到达下一站锦州南站的时间为 12:31,列车调度员通知锦州南站综控室列车晚点 15min,请编制锦州南站综控室操作人员调整晚点至列车出站前的所有作业联系及过程,并进行模拟演练。

2. 任务分组

班级		组号	
小组成员及分工	姓名	学号	分工

3. 评价考核

项目名称	评价内容	分值	评价分数		
			自评	互评	教师评价
职业素养考核（30%）	着装规范	5			
	责任意识	5			
	团队合作能力	5			
	交流表达能力	5			
	安全意识	10			
专业能力考核（70%）	成员分工合理	15			
	作业流程正确	15			
	作业过程规范、准确	40			
总分	自评（20%）+互评（20%）+教师评价（60%）=				
综合等级					

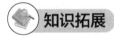

知识拓展

一、路局集成管理平台发生故障的应急处理

（1）当集成管理平台发生故障无法对车站旅客服务系统进行操作和控制时，集成管理平台会向集控调度员、车站综控操作员发出报警提示，集控调度员和相关车站，将车站综控（应急）操作台切换至站控模式或应急模式，并通知技术维护人员进行抢修。

（2）集控车站在接到路局集成管理平台的故障通知后，立即指定专人负责对本站应急操作台的操作，完成对车站旅客服务系统各功能模块的控制。

（3）接到路局集控调度员启动站控模式的命令时，车站综控员操作旅客服务系统转为应急模式。综控员加强与运转、现场的互控，随时关注列车运行信息。

（4）启动车站应急模式后，旅客服务系统即将中心信息接口定向到车站应急操作台，车站的应急操作台自动接收调度信息共享平台、客票系统等相关信息数据，并负责对车站动态导向、广播、查询和自动检票设备的控制。

（5）当路局集成管理平台恢复正常后，由集控调度员将车站应急操作台恢复至正常管理模式,旅客服务系统自动将中心信息接口重新定向为路局集成管理平台,恢复路局集成管理平台对车站旅客服务系统的操作。完成集成管理平台正常操作控制后,集控调度员通知车站恢复集控模式。

二、旅客服务系统网络通信故障时的应急处理

(1)路局集成管理平台与车站综控(应急)操作台发生网络通信故障,造成路局与车站间网络通信无法联系时,集成管理平台会向集控调度员、车站综控操作员发出报警提示,集控调度员和相关车站及时启动应急模式,并通知技术维护人员进行抢修。

(2)集控车站接到路局集成管理平台有关网络故障的通知后,立即指定专人启动应急模式,并负责对车站旅客服务系统各功能模块的操作和控制。

(3)当车站不能自动接收列车调度阶段计划及到发股道、时间信息时,启动应急模式,立即指定专人负责对本站综控(应急)操作台的操作,在"综控室工作日志"或"应急操作台工作日志"内登记,并在行车室与车站值班员签认,车站值班员应根据列车运行调整计划在列车到达前 20min 将列车到发股道、时间信息通知车站综控(应急)操作台操作人员,遇有列车运行调度计划调整和列车晚点,应一并通知。

(4)车站综控(应急)操作员应采用人工维护的方式,做好列车开行信息、列车实时运行信息等外部信息的维护,确保车站旅客服务系统各功能模块正常运行。

(5)如遇列车晚点、检票口调整等需对检票计划进行修改时,由车站操作人员登录路局中心的自动检票系统,对自动检票计划进行相关修改、调整。

(6)当路局集成管理平台与车站综控(应急)操作台间网络通信恢复正常后,集控调度员将车站综控(应急)操作台恢复至正常模式,恢复集控调度台对车站旅客服务系统各功能模块的操作和控制,并通知相关车站。车站综控(应急)操作台操作人员及时在"综控室工作日志"或"应急操作台工作日志"内销记,并在行车室与车站值班员签认。

三、客票系统网络通信故障和检票闸机故障时的应急处理

(1)车站工作人员发现客票系统网络通信故障或自动检票系统通信故障时,应立即向客运处客票管理所、信息技术所和路局集控调度台报告,并指定专人通过车站自动检票系统的应急操作平台,进入车站应急检票系统,将自动检票闸机切换到应急模式,采取人工模式对检票计划进行修改维护。

(2)路局集控调度员接到车站有关客票系统网络通信故障后,通知车站转为应急模式,车站综控(应急)操作员要根据列车实际运行信息,做好对车站自动检票计划执行情况的监控,确保旅客检票秩序正常。

(3)当客票系统网络通信恢复正常后,车站工作人员应及时向路局集控调度员报告,由集控调度员登录中心检票系统,将车站自动检票系统切换至正常模式,并将路局集成管理平台中的车站自动检票闸机状态切换到正常模式。

四、广播系统故障时的应急处理

(1)广播系统故障后,集控台应立即通知值班主任,集控调度员通知故障车站综控室切

换到应急广播,由综控(应急)操作员手动选择广播区域,按照广播内容进行人工广播,做到不缺项、不遗漏、不错播。

(2)如应急广播无法启动,综控(应急)操作员立即通知站长、客运值班员,分以下两个区域加强组织:

①候车大厅。通知站长(客运主任),组织人员准备好手提喇叭、小区广播和车次引导牌,在进站大厅、检票口进行宣传,将旅客引导至相应的检票口。综控(应急)操作员要与站长(客运主任)随时联系,将列车闭塞信息、列车开检和停检信息及时通知检票员,由检票员利用手提喇叭、小区广播对旅客进行宣传引导,防止旅客误乘、漏乘。

②站台及出站通道、出站厅。通知各站台值班员,准备好车次引导标志牌和手提喇叭,安排人员在进站通道楼梯处、站台地道口、出站地道口和出站大厅进行宣传,引导旅客有序上下车,有序进出站,严禁旅客在站内滞留。

(3)故障排除后,综控(应急)操作员应及时报告站长(客运主任),由站长(客运主任)确认各处所广播是否完全恢复,综控(应急)操作员在得到站长(客运主任)确认故障排除的报告后,上报路局集控调度台。

复习思考题

1. 高速铁路客运站与普速铁路客运站的区别是什么?
2. 高速铁路客运站的特点有哪些?
3. 高速铁路客运站都办理哪些作业?
4. 高速铁路客运站主要有哪些设备?
5. 高速铁路客运站站房的设计原则是什么?
6. 高速铁路客运站大、中型站房一般具有哪三类房屋?请举例说明。
7. 什么是跨线设备?高速铁路客运站都有哪些跨线设备?
8. 什么是流线?流线分哪几类?
9. 高速铁路客运站客流组织的内容是什么?客流组织过程是什么?
10. 高速铁路客运站流线组织原则有哪些?流线疏解的基本方式有哪些?
11. 互联网售票有哪些业务功能?
12. 为使旅客满意,问讯处服务人员工作内容有哪些?
13. 高速铁路客运站候车室服务工作内容有哪些?
14. 高速铁路客运站检票服务工作内容有哪些?
15. 旅客乘降工作组织内容有哪些?
16. 什么是旅客服务系统?
17. 旅客服务系统有哪些特点?
18. 旅客服务系统集成管理平台包括哪些功能模块?
19. 到发管理模块包括哪些内容?
20. 请根据旅客服务系统工作流程绘制旅客服务系统工作流程图。

项目 2　动车组旅客列车工作组织

 项目描述

铁路旅客运输生产是以列车的方式进行的,乘务员直接面向旅客,列车服务工作组织是铁路客运部门的核心任务,直接关系着铁路形象。本项目主要介绍高速动车组乘务组的工作和制度、高速动车组的安全设备和制度以及服务工作内容。

任务 2.1　动车组旅客列车乘务组织

 教学目标

◆ 知识目标

1. 掌握动车组旅客列车乘务组的人员组成。
2. 掌握动车乘务组的工作内容。
3. 掌握动车乘务组的工作制度。
4. 了解不同乘务组织形式的优缺点。

◆ 技能目标

1. 能完成动车乘务组的值乘作业。
2. 能区分不同乘务组织形式的适用条件。

 任务导入

成都重庆间开行城际列车是西南地区首条以 350km/h 运行速度运营的线路,值乘该区段的是中国铁路成都局集团有限公司成都客运段东线动车队,每天有 4 个班组 24 名列车员值乘,每日值乘高铁 10 对 20 趟次。周某是东线动车队成渝三组的一名列车长。

2021 年 1 月 30 日,正值春运。清晨 6:00,周某召开完出乘前的班组会后,乘务组乘坐班车从高铁车队前往成都东站。列队出乘、站台接车、整理备品,G8601 次"复兴号"动车组即将发车,乘务组做完开车前的所有准备工作后,在车门处立岗静候旅客的到来。发车后,乘务员孙凯悦帮助旅客摆放行李、整理行李架。正值春运,为了防止旅客坐过站、下错车,减少旅客麻烦,乘务组加强了广播服务,人工广播到站信息。检验证件、车票是每次出站后的基本工作,乘务员孟醒查验车票。

为体现川妹子热情好客的性格和成渝两地公交化出行特点,列车长周某和同事将班组取名为"BUS"班组,与四川话"巴适"同音,寓意舒适休闲的乘车旅程。为更好地体现这一特点,他们在出乘前会进行业务学习,不断地熟练服务礼仪、英语和安全规章等知识技能,以提升服务质量,努力呈现高品质乘车服务。7:30,列车广播提醒旅客,列车即将抵达重庆沙坪坝火车站。此时,列车长周某提醒同事们停车后的注意事项,并开始为迎接返程旅客做好准备工作。

请同学们结合自身生活经历,思考下列问题:
1. 动车上乘务员都有哪些种类呢?
2. 动车乘务员都需要做哪些工作呢?
3. 同一条线路和车次的乘务员是一样的吗?

理论知识

铁路旅客运输生产是以列车运行方式进行的,旅客的旅行生活大部分时间是在列车上度过的,旅客列车就是一个流动的小社会,旅客能够通过旅客列车这个窗口看到整个铁路企业的服务形象。动车组旅客列车的乘务工作水平直接影响铁路企业的形象,因此做好列车服务工作,对保证旅客安全、便捷、舒适和提高铁路客运在旅客运输市场中的竞争力都具有十分重要的意义。

铁路旅客列车乘务组的工作环境处于列车动态运行的封闭状态中,服务对象面向的是拥有多元化旅行需求的不同类型的旅客,要在限定的设备条件、限定的时间和限定的环境内,及时、快速、准确、热情地为旅客提供服务,解决旅客提出的需求和处理临时发生的各种问题。

一、动车组列车乘务组的组成和分工(相关教学资源见二维码6)

动车组列车乘务组由客运乘务人员、动车组司机、随车机械师、公安乘警、随车保洁人员和餐饮服务人员组成,简称"六乘人员"。六乘人员必须在列车长的统一领导下(除行车救援指挥外),分工负责,各司其职,共同做好旅客服务工作。

客运乘务人员包括列车长、列车员,主要负责列车上面向旅客的各项业务与服务工作,如列车巡视、票务、乘降工作组织、备品检查等。

动车组司机负责有关型号的车门集控开关和动车组列车运行工作。

二维码6

随车机械师负责有关型号的车门集控开关和监控列车运行中的技术状态,及时发现和处理列车故障,确保列车安全运行。

公安乘警负责维护列车的治安工作,依据国家法律、法规和有关规定,预防、制止、查处旅客列车上发生的违法犯罪活动和治安灾害事故,配合列车长维护列车治安秩序,保护旅客生命财产安全。

随车保洁人员包括保洁组长和保洁员,负责动车组列车的卫生保洁工作和消耗品、服务备品的配置、补充、更换及定位。

餐饮服务人员包括服务组长和服务员,负责动车组列车餐饮服务和商品销售工作。

二、动车组列车乘务组的任务

动车组列车乘务组的任务包括如下:

(1)保证旅客上下车及旅途中的人身和财产安全,协助公安乘警做好车内"三品"(易燃品、易爆品和危险品)检查工作。

(2)及时为旅客安排座席,保持车内各项设备的完整和列车内的清洁卫生,设备运转良好,列车内温度适宜,照明充足。

(3)对重点旅客重点照顾,对老、幼、病、残、孕、外宾、首长等重点旅客做到心中有数,做好迎送和帮扶工作。

(4)做好服务工作,充分掌握车内旅客数量,及时办理客流信息传报工作。

(5)正确执行规章制度,查验车票,通报到站站名,保证旅客安全顺利乘降。

(6)维持车内秩序,保证列车安全正点。

(7)组织好列车内的饮食供应和文化服务工作。

三、动车组列车的客运乘务组织

1. 出乘前的准备

出乘前,乘务员应到车间报到点名(点名方式可采取刷指纹机方式),之后列车长要组织乘务员摘抄有关命令、电报、规定、要求等,学习上级文件精神,接受任务。上车前应检查规定的台账、备品、通信设备是否完备,功能是否良好等,到规定的收入室(客运段可根据需求将收入室设在车站的办公用房)领取票据、电子移动补票机,然后列队到站台接车。

乘务员在站台接车后应对列车环境卫生、广播音量、备品数量、低值易耗品的摆放情况、客运服务设备设施进行检查和记录,发现问题及时向负责单位及部门反馈。

2. 始发作业

动车组列车始发前,列车长需通过手持电台与随车机械师、公安乘警或司机进行通话联络,确保通信顺畅;与车站客运值班员办理重点旅客交接签字手续及其他事宜,通过站车交互系统手持终端下载的客流数据掌握详细售票情况。车站广播放客后,乘务员在规定车厢立岗,协助车站组织旅客乘降,查验重点车厢旅客车票,引导、安排重点旅客入座,妥善处理突发事件。开车铃响后,列车长上车,在发车点确认旅客上车完毕,通知司机或随车机械师关闭车门。

3. 途中作业

途中作业包括全面检查车厢、途中业务处理、到站前的准备工作、停站作业和发生紧急情况时的应急处理等内容。

在列车运行途中,乘务员需按规定巡视车厢,检查列车设施设备是否完好,对重点旅客重点照顾,保持车内整洁卫生、温度适宜,落实各项安全和乘务制度,填写乘务手册,检查随车保洁人员和餐饮服务人员的作业情况。途中需处理的业务包括:根据站车交互系统手持终端下载的乘车人数通知单数据,列车长组织重点查验车票,办理补票业务,处理有关事项,按规定及时拍发电报或编制客运记录,移交旅客、物品及"危险品";热情接待旅客来访,受理旅客投诉,并将受理情况登记在乘务手册上。商务座车厢及跨局一等座车厢乘务员应为旅客发放赠品,提供专项服务用品。在列车到站前,乘务员应做好到站前的准备工作,协助重点车厢的重点旅客做好下车准备。例如,重点旅客在下车需要服务工具(设备)时,列车长要提前通知旅客下车。

在列车到站前,列车长应及时回到指定的站车交接位置(不同车型交接位置不同),做好与车站客运员办理业务交接的准备,遇突发事件需要处理无法返回交接车厢时可指定乘务员负责与车站办理交接工作。

停站时乘务员需协助车站做好旅客乘降组织工作,帮助重点旅客乘降,确保旅客乘降安全有序。开车铃响后,列车长立即上车,确认旅客乘降完毕后通知司机或随车机械师操作控制开关关闭车门。在列车运行途中,若发生自然灾害、断道、火灾、爆炸、列车冲突脱轨等危及行车安全的异常情况,由司机负责启动应急预案;若发生旅客食物中毒或生病、断电、空调故障、严重晚点等异常情况,由列车长负责启动应急预案。相关人员应按照应急预案规定的程序妥善处理、精心指挥,力求将事故损失降到最低。

4. 折返站作业

列车到达折返站乘务员在旅客下车完毕巡视车厢后应督促随车保洁人员抓紧时间进行卫生整备。如果在车站进行上水吸污作业,列车长应在上水吸污作业完毕后与车站作业人员进行确认,避免列车不掌握作业情况便盲目发车导致列车带走未及时拔下的上水管与吸污管。若折返时间超过40min,乘务员可联系司机或随车机械师关闭车门,防止闲杂人员上车;若异地折返时间超过4h,客运部门应联系所在地公寓组织客运乘务人员入公寓休息。

5. 终到作业

终到作业主要是指终到站退乘作业。终到前,列车长需认真审核票据,清点票款;正确填写客运乘务工作日志;督促各工种人员落实作业程序,以确保列车卫生、干净、整洁。到站后,与车站客运值班员办理交接手续,巡视全列,移交重点旅客和旅客遗失物品;与备品、商品交接人员准确无误地办理交接手续。上述工作完成后,列车长集合包括随车保洁人员和餐饮服务人员在内的乘务人员开退乘会,总结工作情况。此外,列车长还应负责终到列车的关门工作,在确认客运业务作业完毕,上水吸污工作完成并拔管,车上无闲杂人员后,应通知随车机械师或司机关闭车门。若需在异地过夜时,还要注意异地过夜相关事项,尤其是库内乘降作业的安全卡控措施。

四、动车组列车乘务组的工作制度

1. 工作协调制度

(1)动车组列车出库后,列车长要及时了解六乘人员工作准备情况,重点掌握卫生保洁质量、配餐数量以及各岗位人员的到岗情况,遇有重点任务,及时布置。

(2)每趟出乘前,列车长组织召开随车机械师、公安乘警、餐饮组长、保洁组长参加的工作协调会,沟通信息,提出本趟出乘的工作重点和要求。

(3)遇有设备故障、列车晚点等情况,司机或随车机械师要主动向列车长通报故障情况、晚点或停车原因。列车长要及时逐级汇报,按指示向旅客通告,并组织客运乘务人员以及餐饮服务人员、随车保洁人员做好服务和解释工作。

(4)客运段应每月组织六乘人员召开动车组一体化管理联席会议,总结工作,加强协调,统一步调,提高效率。

2. 信息传递制度

(1)动车组列车六乘人员要掌握列车运行、设备状况、旅客服务和餐饮供应等信息,及时相互通报。

(2)动车组列车运行中遇有各类非正常情况时,六乘人员应按照各自职责逐级汇报,列车长应积极协调处理。

(3)六乘人员所属单位之间应建立日常联络机制,加强相互之间的信息沟通。

3. 其他制度

动车组列车实行"首问首诉负责制",六乘人员必须及时解答旅客问询,受理旅客投诉,解决旅客困难。

六乘人员必须严格遵守国铁集团、铁路局集团公司有关规定,严禁私带无票人员上车;当需要安排重点旅客乘坐餐车、多功能室、乘务员室等位置时,必须经列车长同意。

五、动车组列车乘务组织形式

为保证旅客列车运行安全,旅客列车乘务组实行固定班组制。按照既有利于保养车辆又合理使用劳动力的原则,根据列车运行距离和列车种类将动车组旅客列车乘务组的乘务组织形式分为包乘制和轮乘制。

1. 包乘制

包乘制是指按照列车行驶区段和车次有固定的列车乘务组包乘。根据车底使用情况的不同,包乘制可分为包车底制和包车次制。

包车底制是指乘务组不仅固定区段、车次,而且固定包乘某一车底。包车底制不仅有利于加强车辆设备和备品的管理,而且有利于乘务员熟悉列车沿途情况和旅客乘降规律,以便更好地安排自己的工作,提高服务质量,工时不足时采用乘务员套跑短途列车或长途列车套跑短途列车的方法,既可节省车底又可弥补乘务工时的不足。

包车次制是指一个车次由几个乘务组包干值乘,不包车底。包车次制的优点是便于管理,可保证服务质量;缺点是交接手续复杂,不利于车底保养。

2. 轮乘制

轮乘制是指在列车密度大,且列车种类和编组基本相同的区段,为了高效组织乘务交路和班次,采用乘务组不包车底而按照出乘顺序轮流担当乘务工作的制度。轮乘制的优点是乘务员单班作业,一般在本局管内值乘,对线路、客流及交通地理情况比较熟悉,工作时方便联系,同时节约了运能;缺点是增加了交接次数,不利于车辆保养。

动车组客运乘务组原则上采用轮乘制,根据乘务交路实际需要采用轮乘制或包乘制,科学地确定换乘方式。但目前客运专线上开行的动车组列车较多采用轮乘制。客运乘务组由1名列车长和2名列车员组成,动车组重联时,按两个乘务组配备。编组16辆的动车组按1名列车长和4名列车员配备。对以上运行时间较长的动车组可适当增加客运乘务人员。

任务实施

1. 根据任务书编制客运作业过程

G1234次旅客列车(长春—上海虹桥)在长春站的始发时间为09:06,正点到达下一站

(沈阳北站)的时间为11:31,请编制乘务组由出乘准备至到达沈阳北站的整个乘务作业过程,并进行模拟演练。

2. 任务分组

班级		组号	
小组成员及分工	姓名	学号	分工

3. 评价考核

项目名称	评价内容	分值	评价分数		
			自评	互评	教师评价
职业素养考核 (30%)	着装规范	5			
	责任意识	5			
	团队合作能力	5			
	交流表达能力	5			
	安全意识	10			
专业能力考核 (70%)	乘务组成员分工合理	15			
	作业流程正确	15			
	作业过程规范、准确	40			
总分	自评(20%)+互评(20%)+教师评价(60%)=				
综合等级					

任务2.2 动车组旅客列车乘务安全组织

教学目标

◇ 知识目标
1. 掌握动车组旅客列车的安全管理制度。
2. 掌握动车组旅客列车的安全设施设备。

◇ 技能目标
1. 能够按照安全管理制度进行乘务作业。
2. 对动车组列车上的安全设施设备做到"两知一会"。

任务导入

2019年4月29日上午11:00,在南京南开往兰考南的G1806次列车上,一名旅客被行李架上的保温杯砸中头部受伤。乘务人员赶到现场后,发现伤者头部有明显的血肿,非常虚弱,马上进行广播寻医。正在车上的句容市120急救中心医生张某,听到列车广播后立即对伤者进行了施救。"广播说有一位旅客,突然被行李架上的一个茶杯击中了头部。"张某告诉记者,事后才知道该旅客是被行李架上掉下的装满水的保温杯砸中了。

2020年2月1日下午,在哈尔滨开往北京的D102次列车上,有人在卫生间内吸烟,触发烟雾报警装置。公安乘警立即前往处置。经过询问,男子李某承认自己在卫生间吸烟。公安乘警发现李某精神比较亢奋,胡言乱语,已经处于醉酒状态。在询问过程中,李某情绪突然失控,走向列车车厢玻璃门,踢踹玻璃门及车厢内座椅,并对公安乘警大打出手。随后李某被公安乘警制服,交由派出所进一步处置。

高速铁路作为很多人出行的首选交通方式,既方便又快捷。然而,近年来关于高速铁路秩序与安全的报道一直未间断过,各种违禁方式更是层出不穷,特别是在节假日前后,高速铁路的秩序与安全问题往往会高居新闻榜首,成为人们茶前饭后谈论的对象。

请同学们结合自身生活经历,思考下列问题:
1. 安全始终是铁路运输的永恒主题,你如何理解安全?
2. 动车组行车途中有哪些安全隐患?如何消除这些安全隐患?
3. 为了保证旅客运输安全,你知道列车上有哪些安全设备设施吗?

理论知识

安全是旅客出行的首要考虑因素,也是铁路旅客运输的工作重点。因此,动车组旅客列车乘务员必须树立"安全第一"的工作原则,遵守各项安全规章制度,保证旅客安全和自身安全的同时做好旅客服务工作。

一、动车组列车安全管理标准

1. 安全管理制度

(1)防火防爆、人身安全、食品安全、现金票据、结合部等安全管理制度健全有效。

(2)火灾爆炸、重大疫情、食物中毒、空调失效、设备故障和列车大面积晚点、停运、变更径路、启用热备车底等非正常情况下的应急处置预案健全有效,预案内容分工明确,流程清晰。日常组织培训和演练,培训和演练应有记录、有结果、有考核。

(3)出入动车所前,由车辆、客运乘务人员对上部服务设施状态进行检查,办理一次性交接,对不能修复的设备问题,由列车长与随车机械师共同确认,做好记录并签字确认,了解和掌握动车组设备设施情况;在列车运行途中,若发现上部服务设施故障时,客运乘务人员应立即向列车长报告,并通知随车机械师共同确认处理。

2. 安全作业制度

(1)车门管理制度。

①列车到站停稳后,司机或随车机械师开启车门,并监控车门开启状态。客运乘务人员

按分工安全、有序地组织旅客乘降,及时疏导旅客先下后上。当车门处与站台弯道边缘缝隙较大时,客运乘务人员做好宣传和安全提示。对重点旅客应在到站前先安排到车门口,列车停稳后及时下车。动车组停靠低站台时,到站前10min客运乘务人员提前锁闭辅助板指示锁并打开翻板,按分工监控,开车后及时将翻板及辅助板指示锁复位,确认锁闭到位后,监控人员方可撤离,由列车长负责复检。

②动车组站停期间,车站客运值班员通知列车长与客运有关作业完毕后,各车厢乘务员认真观察值乘车厢站台区域旅客乘降情况,接到列车长指令后,汇报值乘车厢旅客乘降情况,由列车长确认旅客乘降完毕后,根据不同车型要求通知司机或随车机械师关闭车门。动车组重联运行时,由两组列车长互相确认旅客乘降情况后,运行前方第一组的列车长负责通知司机或随车机械师。动车组列车在车门关闭后不得随意开启车门,遇特殊情况必须开启车门时,列车长须先确认列车未起动,并征得司机同意后,方可开启车门;再次关门后,通知司机已关闭车门。

(2)列车乘务员在列车运行中应当注意对列车安全设备设施的管理,制止搬动、触碰安全设备设施等不安全行为;严禁任何人在列车正常运行中打开气密窗。

(3)加强安全巡视工作,当发现行为、神情异常的旅客时,重点关注,配备公安乘警的列车通知公安乘警到场处理;未配备公安乘警的列车由列车长处理,情形严重时交列车运行前方停车站处理。发现旅客携带可疑及无人认领的物品时,配备公安乘警的列车通知公安乘警到场处理;未配备公安乘警的列车由列车长处理,对危险品做好登记、保管及现场处理,并交前方停车站(公安部门)处理。

(4)行李架、大件行李存放处物品应摆放平稳、牢固、整齐。大件行李放在大件行李存放处,不占用席位,不堵塞通道;铁器、锐器、易碎品、杆状物品及重物等放在席位下面或大件行李存放处;衣帽钩仅限挂衣帽、服饰等轻质物品;使用小桌板不超过承重范围。

(5)动车组内各项安全标志齐全,规范明显,符合标准。车厢、卫生间内有禁烟标志,电茶炉有安全标志,车门内侧有"紧急开门说明"及"禁止倚靠"标志等,以便对倚靠车门或在车门处坐卧的旅客进行安全宣传和疏导,对车门处堆放的物品及时引导旅客将其放至大件行李存放处。采用广播、视频、图形标志、服务指南等方式,宣传安全常识和车辆设备设施使用方法,提示旅客遵守安全乘车规定。

(6)动车组列车全列各处所禁止吸烟,加强禁烟宣传,卫生间、通过台等重点部位加强巡视。列车乘务员发现吸烟行为及时劝阻,由公安部门依据《中华人民共和国治安管理处罚法》或《铁路安全管理条例》进行查处。

(7)动车组上的各种服务设施和安全器材配备齐全,作用良好,定位放置。乘务员要做到"两知一会"(知位置、知性能、会使用)。

二、动车组列车人身安全管理

动车组列车安全包括乘坐动车组期间旅客的人身安全和乘务员作业期间的自身安全。旅客人身安全包括安全宣传和防止旅客意外伤害两部分。乘务员作业安全包括人身安全教育和纪律管理等。

1. 旅客人身安全

（1）安全宣传。

列车始发和途中播放旅客乘车安全常识。各类安全标志设置齐全、规范。服务指南包含旅客乘车安全宣传内容，商务座、一等座按定员摆放，二等座每排2本。

（2）旅客意外伤害防控。

①旅客摔伤。及时清理地面水渍，防止旅客滑倒或摔伤。到站前广播通报到站信息，同时提示旅客下车时注意站台与列车之间的缝隙；密切关注重点旅客，主动帮扶，提示到位。到站后乘务员车门立岗期间，关注旅客乘降情况，提示旅客注意乘降安全。

②旅客砸伤。旅客行李放置平稳，发现行李放置在格挡上的现象应及时纠正；发现铁器、锐器、玻璃器皿等物品时要提示旅客取下改为地面放置；发现侧兜存放水杯的背包时提示旅客取出。

③旅客撞伤。大件行李、地面放置行李摆放稳妥，对有万向轮的行李箱采取防溜措施，防止列车运行期间行李箱窜动伤人。列车上使用售货车、垃圾车制动性能良好，防撞条完整，途中进入车厢作业主动避让旅客，停车必须将制动装置踩下，防止车辆窜动撞伤旅客。

④旅客烫伤。始发重点检查茶炉防烫伤标志是否完整齐全；始发和途中播放包含防烫伤安全广播。乘务员巡视作业期间重点提示旅客接水不要过满，水杯入槽，拧紧杯盖；帮助重点旅客接打开水，防止旅客烫伤。

⑤旅客挤伤。始发重点检查卫生间、车厢端门的防撞胶条、防挤手安全标志是否完整。始发、终到前，可以将车厢两端自动门改为手动开放状态，防止旅客集中上下期间自动门开关夹伤旅客。乘务员提示带小孩的旅客在儿童使用卫生间时注意卫生间门、马桶盖的使用安全，防止意外发生。

2. 乘务员自身安全防控

（1）客运段应该对乘务员加强安全教育和考核，定期进行业务知识和技术安全教育。全员必须经过劳动安全，电气化区段人身作业安全和其他必要的安全培训并考试合格才能上岗。

（2）乘务员严格落实安全作业程序和标准，遵守作业纪律，确保人身安全。在出乘前充分休息，乘务员保持精力充沛，不在班前、班中、折返站饮酒。

（3）乘务员进出车站和动车所（基地、客技站）时走指定通道，通过线路时走天桥、人行地道，走平交道，并做到"一停、二看、三通过"，不横越线路，不钻车底，不跨越车钩，不与运行中的机车车辆抢行，进出车站时集体列队。

三、动车组列车安全设备

1. 紧急制动装置

动车组紧急制动装置如图2-1所示。不同车型虽有位置和外观上的差异，但都有明确的文字标志。紧急停车装置位于乘务室、监控室（随车机械师用）或每节车厢客室两端端墙乘客信息显示器旁。

紧急制动装置在紧急情况需要列车紧急制动时使用，如下列情况：

（1）车辆燃轴或重要部件损坏。

(2)列车发生火灾。

(3)有人从列车上坠落或线路内有人死伤。

(4)其他危及行车和人身安全必须紧急停车时。

当动车组列车遇到上述情况时,随车机械师、客运乘务组人员应立即报告司机采取停车措施;来不及报告的,应该使用客室(乘务室)紧急制动装置停车。

使用方法:使用时不必先行破封,打开保护盖,拉下紧急制动,在动车组完全停车前,不得松手,迫使动车组尽快制动。

图2-1 紧急制动阀

例如,复兴号系列动车组,当旅客拉下紧急制动按钮,自动触发旅客紧急报警,按下旅客紧急通话按钮,对讲灯亮起时通话,实现和司机的对讲通话。对讲由司机话筒端挂断复位或直接复位。拉下紧急制动按钮后,旅客紧急制动环路断开,触发全列紧急制动。司机操纵台上设有旅客紧急制动报警复位按钮,司机可以操纵此按钮缓解紧急制动使动车组继续行驶,以选择适当的位置停车。

不能使用紧急制动阀停车的情况:

(1)列车运行在桥梁上或隧道内时。

(2)列车发生火灾运行在居民稠密区、厂矿、草垛、易燃易爆等危险品存放区时。

2. 灭火器

列车上常用的灭火器(图2-2)主要有干粉灭火器和水雾灭火器两种。各型号动车组配备的灭火器数量不尽相同,一般每车配备4具(干粉、水型各2具),餐车后厨另有2具4L水型灭火器,司机室另有2具4kg干粉灭火器。

使用方法:使用灭火器时,将灭火器倾斜,从套筒内取出灭火器,拔出保险销,将喷嘴对准火焰根部(带软管的灭火器,要握紧软管喷嘴),按下压把,快速推进,直至将火扑灭。需要注意的是,灭火时人员要站在上风位置。

以下火灾不能用水扑灭:

(1)煤油、汽油等易燃液体着火不能用水扑灭。

(2)精密仪器、贵重文件起火不能用水扑灭。

3. 防火隔断门

动车组防火隔断门由具有防火性能的不锈钢材质制成,如图2-3所示。当发生火灾时,防火隔断门可有效地阻止和延缓火势蔓延,最长阻燃时间为15min。根据动车组车型的不同,防火隔断门设在车辆连接处的风挡位置的端墙内,一、二位端都有设置。

使用方法:需要使用防火隔断门时,确认着火车厢旅客疏散完毕后,拽出隐藏在车辆连接处两侧的防火隔断门,拉动防火隔断门直至闭合,然后用钥匙锁闭防火隔断门。

4. 紧急逃生窗和紧急破窗锤

动车组紧急逃生窗和紧急破窗锤,如图2-4和图2-5所示。遇到紧急情况时,可使用紧急破窗锤来打破紧急逃生窗,选择逃生。

图2-2 灭火器

图2-3 防火隔断门

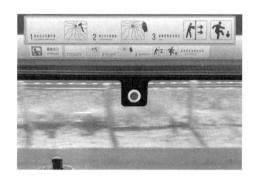

图2-4 紧急逃生窗

图2-5 紧急破窗锤

使用方法:使用紧急破窗锤敲击紧急逃生窗上的红点,用力向外推玻璃,玻璃推落后,可以组织旅客有序逃生。

5. 疏散舷梯

动车组疏散舷梯(图2-6)是指在动车组运行过程中因故障不能继续运行,需要将旅客从故障动车组上转移至邻线的救援列车上时需要使用,以实现故障动车组上的人员平移到救援动车组的一种应急工具。疏散舷梯既可以作为连接两个动车组的"桥",也可以在动车组发生紧急情况,停车后将旅客从动车组转移到地面上,作为梯子使用。

使用方法:用时取出疏散舷梯放到指定位置,乘务员将舷梯组装好,旋紧按钮加固,向上拉起扶手,并将梯身和扶手固定,确认支撑牢固即可;使用时,乘务员要做好防护工作。

6. 站台补偿器

动车组站台补偿器(图2-7)位于车门地板边缘。在列车到站停稳后,车门开启站台补偿器自动伸出,补充站台和列车车体之间的空隙,防止旅客下车时因踩空而发生意外。

使用方法:站台补偿器随车门开启或关闭自动伸出或收起;当自动装置发生故障时,应手动开关。

7. 防护网

防护网如图2-8所示,当动车组列车车门故障无法关闭或空调失效超过20min时,需要开门运行或通风时,可挂网运行。

图2-6 疏散舷梯

图2-7 站台补偿器

使用方法:安装时需保证防护网上的警示标志在车内看是正面。使用时,从防护网存放处取出,展开防护网,然后把防护栏杆立柱上两个卡箍上的拧紧螺栓用通用钥匙完全松开,把两个内盖板转动到与立柱平行,然后把卡子套在门口扶手杆上,立柱下端顶在地板面上,把可旋转的内盖板复原,使得卡箍把门口扶手杆套住,然后用通用钥匙拧紧紧固螺栓,这样卡箍便可与扶手杆紧固在一起。同样的操作方法,把另一侧的立柱固定在扶手杆上,防护网安装完毕。

防护网拆卸方法:用完需要拆卸时,先用通用钥匙松开立柱卡箍上的紧固螺栓,松开行程至少5mm,然后便可以转动内盖板,脱离门口扶手杆,这样立柱便可以从扶手杆上取下。取下两根扶手杆,把可旋转压板复位,拧紧紧固螺栓,防止旋转压板晃动,然后用立柱把防护网卷起,放回指定的存放处。

8. 紧急开门设备

紧急开门分为车内紧急开门和车外紧急开门两种情况。

(1)车内紧急解锁设备。

动车组车厢内车门控制装置,位于车厢内车门一侧电控挡罩上,CRH380B型动车组从上至下分别为蜂鸣器、紧急解锁按钮、绿色开门按钮、红色关门按钮、红色手动扳手,用于车厢内操作开、关车门,如图2-9所示。相关教学资源见二维码7。

二维码7

车内紧急解锁使用方法:车门释放状态下,开关门按钮灯呈点亮状态,可以通过开关门按钮开关车门;在车辆有电时,随车机械师、乘务员用四角锁钥匙操作车门内四角锁(或旅客需打破保护罩按下内部的红色按钮),此时蜂鸣器鸣响,然后用力向上拉起红色紧急解锁手柄,解除车门机械锁闭的同时,手动将车门门板用力向外推至完全打开位置;在车辆无电时,无须操作四角锁芯或者旅客红色按钮,直接拉起红色扳手保持拉起状态,手动向外推门即可打开车门。

(2)车外紧急开门解锁。

车厢外车门控制装置位于车外侧墙。

车外紧急开门解锁使用方法:拉起车外白色手柄,并保持拉起状态,手动拉门打开。

图 2-8　防护网　　　　　　　图 2-9　车厢内车门控制装置

任务实施

1. 根据任务书分组进行讨论

2019 年 5 月 4 日,G8075(延吉西—丹东)次列车运行途中,乘务员李某违规停留在特等座车厢内吸烟,造成高铁列车紧急停车,晚点运行。

请同学们分组讨论,造成该起事件的原因有哪些?如何减少此类事件发生?

2. 任务分组

班级		组号	
小组成员及分工	姓名	学号	观点
小组总结			

3. 选择优秀小组进行展示,教师进行讲评。

任务2.3　动车组旅客列车服务工作组织

教学目标

◇ 知识目标
1. 掌握动车组旅客列车的硬件服务标准。
2. 掌握动车组旅客列车的软件服务标准。

◇ 技能目标
1. 能够按照标准规范完成动车组列车服务作业。
2. 能够运用不同的服务方法进行恰当的服务。

任务导入

"欢迎乘坐 D8182 次'海之情'品牌列车,列车即将开车……"在青岛客运段列车长渠江婷轻柔的播报声中,列车准时从青岛北站发出。

渠江婷在巡视车厢时,通过问询发现 88 岁的高龄退伍军人刘万成独自乘车,就在他的座位旁挂上爱心卡,便于做好重点服务。在列车行至潍坊时,"小宝贝,你怎么这个时候拉臭臭。"车厢里一位年轻妈妈满眼焦急,她怀中的婴儿正哇哇大哭。渠江婷见状赶忙上前,将她们带到车厢婴儿护理台,麻利地帮宝宝清理干净,换好尿不湿。不一会儿,小宝宝就喜笑颜开了。年轻妈妈称赞道:"看不出你年纪轻轻还有这一手。"渠江婷羞涩一笑:"要干好乘务这行,得是个'全才'。"

引导旅客、答疑解惑、沟通协调……列车一路疾驰,渠江婷忙个不停。虽戴着口罩,但遮不住她脸上暖洋洋的笑意。"请旅客戴好口罩、带好行李,有序下车。"9:56,列车行至济南西站,车门缓缓打开,渠江婷站立门侧微笑提醒。

服务是客运的重要工作,用优质服务擦亮高速铁路这张国家名片是每个铁路人的责任。请同学们思考:如何提高列车客运服务质量呢?

理论知识

动车组列车运行速度快、密度高、停站时间短,同时动车组列车各项信息化、自动化设备多,旅客层次要求较高,要求列车乘务工作有更高的服务标准,需要丰富、扎实的业务素质和服务技巧,充分展示新时代铁路的新作为、新形象。动车组列车服务工作就是准确把握和满足不同旅客的不同需求,努力按照服务质量标准,不断提高服务的质量。乘务人员要树立全心全意为人民服务的思想,按照以"以人为本、旅客至上"的服务理念,坚持"安全正点、方便快捷"的服务原则,采用先进设备,创新服务方式,为旅客提供文明优质服务,最大限度地满足旅客在旅途中的物质文化生活需求。

一、动车组乘务员文明服务标准(相关教学资源见二维码8)

(1)动车组乘务员的仪容仪表总体要求是仪容整洁、着装统一、整齐规范。

二维码8

①头发干净整齐、颜色自然,不理奇异发型、不剃光头。男性乘务员两侧鬓角不得超过耳垂底部,后部不长于衬衣领,不遮盖眉毛、耳朵,不烫发,不留胡须;女性乘务员发不过肩,刘海长不遮眉,短发不短于7cm。

②面部、双手保持清洁,身体外露部位无文身。指甲修剪整齐,长度不超过指尖2mm,不染彩色指甲。

③女性乘务员淡妆上岗,唇线与口红的颜色应一致;眉毛修剪整齐,眉笔和眼线为黑色或深棕色;眼影的颜色与制服一致;使用清香、淡雅型香水;在工作中保持妆容美观,端庄大方。

④乘务组换装统一,衣扣拉链整齐。着裙装时,丝袜统一,无破损。系领带时,衬衣束在裙子或裤子内。外露的皮带为黑色。佩戴的外露饰物款式简洁,限手表一只、戒指一枚,女性还可佩戴发夹、发箍或头花及一副直径不超过3mm的耳钉。不歪戴帽子,不挽袖子和卷裤脚,不敞胸露怀,不赤足穿鞋,不穿尖头鞋、拖鞋、露趾鞋,鞋的颜色为深色系,鞋跟高度不超过3.5cm,跟径不小于3.5cm。

⑤佩戴职务标志。胸章牌(长方形职务标志)戴于左胸口袋上方正中,下边沿距口袋1cm处(无口袋的戴于相应位置),包含单位、姓名、职务、工号等内容。臂章佩戴在上衣左袖肩下四指处。按规定应佩戴制帽的工作人员,在执行职务时戴上制帽,帽徽在制帽折沿上方正中。除列车长外,其他客运乘务人员在车厢内作业时可不戴制帽。

⑥餐车加热、供应餐食时,餐饮服务人员戴口罩、手套;女性穿围裙。

(2)动车组乘务员应表情自然,态度和蔼,用语文明,举止得体,庄重大方。

①使用普通话,表达准确,口齿清晰。服务语言表达规范、准确,使用"请""您好""谢谢""对不起""再见"等服务用语。对旅客、货主称呼恰当,统称为"旅客们""各位旅客""旅客朋友",单独称为"先生""女士""小朋友""同志"等。

②旅客问询时,乘务员应面向旅客站立(工作人员办理业务时除外),目视旅客,有问必答,回答准确,解释耐心;遇有失误时,乘务员应向旅客表示歉意;对旅客的配合与支持,乘务员应表示感谢。

③坐立、行走姿态端正,步伐适中,轻重适宜。在旅客多的地方,先示意后通行;与旅客走对面时,要主动侧身面向旅客让行,不与旅客抢行。列队出(退)勤(乘)时,按规定线路行走,步伐一致,箱(包)在同一侧。

④立岗姿势规范,精神饱满。站立时,挺胸收腹,两肩平衡,身体自然挺直,双臂自然下垂,手指并拢贴于裤线上,脚跟靠拢,脚尖略向外张呈"V"字形。女性乘务员可双手四指并拢,交叉相握,右手叠放在左手之上,自然垂于腹前;左脚靠在右脚内侧,夹角为45°呈"丁"字形。

⑤列车进出站时,乘务员在车门口立岗,面向站台致注目礼,以列车进入站台开始,开出站台为止。办理交接时行举手礼,右手五指并拢平展,向内上方举手至帽檐右侧边沿,小臂形成45°角。

⑥清理卫生时,清扫工具不触碰旅客及其携带物品。当需要挪动旅客物品时,征得旅客同意;当需要踩踏座席、铺位时,戴鞋套或使用垫布;占用洗脸间洗漱时,礼让旅客;清洁厕所时,保洁人员戴保洁专用手套。

⑦夜间作业、行走、交谈、开关门要轻。进包房时先敲门,离开时应倒退出包房。

⑧不高声喧哗、嬉笑打闹、勾肩搭背,定时定点分批用乘务餐,其他时段不在旅客面前吃食物、吸烟、剔牙齿和出现其他不文明、不礼貌的动作,不对旅客评头论足,接班前和工作中不食用异味食品。餐车对旅客供餐时,不在餐车逗留、闲谈、占用座席、陪客人就餐。

二、动车组列车客运服务标准

1. 服务流程

(1)开车前,在指定位置立岗,有序引导旅客乘降,妥善安排重点旅客。

(2)开车后,播放欢迎词及相关内容(如通告站名、安全提示、服务设施介绍等),全面巡视车厢,检查行李摆放情况,提醒旅客将大件行李及铁器、锐器等不适宜放在行李架上的物品放在指定位置并自行看管;做到行李物品摆放平稳,保持通道畅通状态。

(3)运行中,巡视车厢并掌握车厢动态,耐心地解答旅客问询,做好旅客解释工作;对重点旅客做到心中有数,主动提供服务和帮助;做好车厢内清洁,保证车厢内干净整洁,卫生达标,保证保洁作业质量;做好开车后和到站前的广播通告,做到按时播报,内容准确,音量适宜。

(4)终到前后,到站前广播通报站名,致道别词,提醒旅客做好下车准备;列车到站后,向旅客道别,主动热情地协助重点旅客下车;旅客下车后,巡视车厢,检查有无旅客遗失物品等,做到动作迅速、检查仔细、报告及时。

2. 服务原则

(1)无需求、无干扰。

无干扰服务就是乘务员服务作业尽量避免打扰旅客,为旅客创造充分的自主空间。可以通过广播、电子显示屏等方式宣传服务设备的使用方法,方便旅客自助服务。

(2)有需求、有服务。

在各车厢电子显示屏公布中国铁路客户服务中心客户服务电话(区号+电话号码)。实行"首问首诉负责制"。受理旅客咨询、求助、投诉时,做到及时回应,热情处置,有问必答,回答准确;对旅客提出的问题不能解决时,指引到相应岗位,并做好耐心解释。

(3)及时反应。

及时反应就是要求乘务员对旅客的要求以最快的速度做出反应。当旅客提出要求时,允许乘务员放下正在从事的一般性服务工作,立即采取积极措施满足旅客需求;确实属于乘务员不能单独处理的问题,要及时汇报列车长,列车长要迅速到达现场。如果需要其他人协助,列车长要及时协调其他乘务员协助满足旅客需求。

(4)补偿服务。

乘务员要维护铁路企业荣誉,不论因为铁路哪个部门的原因造成旅客对铁路企业的不满,乘务员都要及时地采取补救措施,消除旅客的不满,维护好铁路企业在旅客心目中的形象,顾全大局,尽量减少旅客投诉。

(5)重点关注,优先照顾,保障重点旅客服务。

①按规范设置无障碍厕所、座椅、专用座席等设备设施,作用良好。

②对重点旅客做到"三知三有"(知座席、知到站、知困难、有登记、有服务、有交接);为有需求的特殊重点旅客联系到站提供担架、轮椅等辅助器具,及时办理站车交接。

(6)尊重旅客。

尊重民族习俗和宗教信仰。经停少数民族自治地区车站的列车可按规定在图形标志增加当地通用的民族语言文字,可根据需要增加当地通用的民族语言播音。

三、动车组列车备品服务标准

动车组列车服务备品、材料等要符合国家环保规定,质量符合要求,色调与车内环境相协调。做到服务备品齐全,干净整洁,定位摆放。布制、易耗备品备用充足,保证使用,布质备品按附录规定的时间使用和换洗。

(1)软卧车(含高级软卧车)。

软卧车(含高级软卧车)包房内有被套、被芯、枕套、枕芯、床单、垫毯、卧铺套、靠背套、茶几布、一次性拖鞋、衣架、不锈钢果皮盘、带盖垃圾桶、热水瓶、面巾纸盒及服务指南、免费读物;备有托盘、热水瓶和一次性硬质塑料水杯。

(2)软卧代座车。

软卧代座车包房内有卧铺套、靠背套、不锈钢果皮盘;包房门框上原铺位号牌处有座席号牌;备有热水瓶和一次性硬质塑料水杯。

(3)商务座车。

提供小毛巾,就餐时提供餐巾纸、牙签;有耳塞、靠垫、鞋套、一次性拖鞋、清洁袋和专项服务项目单、服务指南、免费读物;备有防寒毯、耳机、眼罩、托盘、热水瓶和一次性硬质塑料水杯。

(4)特、一、二等座车。

有清洁袋(清洁袋质地、规格符合规定,具有防水、承重性能)、免费读物和服务指南,放置在座椅靠背袋内或其他指定位置。有座椅套、头枕片;特、一等座车座椅有头枕。电茶炉配有纸杯架的,有一次性纸杯。乘务组备有热水瓶、耳塞和一次性硬质塑料水杯。

(5)餐车。

有座椅套售货车、托盘、热水瓶、一次性硬质塑料水杯、餐巾纸、牙签。

(6)洗脸间有洗手液、擦手纸(或干手器)。

(7)厕所内有芳香盒和水溶性好的卫生纸、擦手纸,坐便器有一次性坐便垫圈,小便池内放置芳球。有厕所专用清扫工具,与车内清扫工具分开定位存放在清洁柜内;无清洁柜的定位隐蔽存放。商务座、特等座、一等座车厢客室内不存放清洁工具。清扫工具、清洁剂材质符合规定。

(8)贴身卧具(被套、床单、枕套)和头枕片干燥、清洁、平整,无污渍、无破损,已使用与未使用的折叠整齐,分别装袋保管。卧具袋防水、耐磨、干净,无破损。贴身卧具与其他布质备品分类洗涤;洗涤、存储、装运及更换不落地、无污染。

四、动车组列车环境服务标准

车厢内环境的好坏直接影响到旅客的身心健康,因此动车组车厢内要求温度适宜,环境舒适。

（1）车厢内通风系统作用良好，车内空气清新，质量符合国家标准。始发前对车厢进行预冷、预热，空调温度调节适宜，体感舒适，原则上保持冬季18～20℃，夏季26～28℃。

（2）车内照明符合规定。夜间运行（22:00—7:00）时，座车照明开关置于半灯位；当始发站、终到站和客流量大的停站，以及列车途经地区与北京时间存在时差时自行调整。

五、动车组列车餐饮服务标准

铁路旅客餐饮服务是现代铁路客运工作的重要组成部分，是吸引客流的有效手段，也是塑造铁路企业服务良好形象的重要窗口。优质的餐饮服务不仅为旅客提供了方便，还增加了铁路企业的竞争力和吸引力。

餐车整洁美观，展示柜布置艺术，与就餐环境相协调；厨房保持清洁，各种用具定位摆放；商品、售货车等不堵通道，不占用旅客使用空间；售货车内外清洁，定位放置，有制动装置和防撞胶条。

列车上销售的食品和商品，必须由餐饮公司统一采购。餐饮公司销售人员应将上车食品、商品的出库单交列车长以备检查。列车销售的食品和商品销售应当明码标价、一货一签，并有"CRH"标记。承担动车组列车餐饮服务的单位必须严格遵守国家食品安全法律法规以及国铁集团、各铁路局集团公司有关规定，建立健全食品采购、加工、运输、存储、销售等环节的管理。餐饮品、商品有检验、签收制度，各环节符合食品卫生安全要求。不出售无生产单位、生产日期、保质期和过期、变质，以及口香糖、方便面等严重影响列车环境卫生的食品。超过保质期限的食品单独存放、回收销毁。一次性餐饮茶具符合国家卫生及环保要求。

为严格保证列车食品质量安全，减少损耗，防止污染，避免发生群体性的食品安全卫生事故，动车组食品加工配送采用冷链供应系统，热链为辅，常温链仅做应急备用，供应品种丰富，有高、中、低不同价位的旅行饮品、食品。动车组供应的食品、饮品应当品种丰富，价格合理。餐饮企业应当经常征求旅客对饮食服务的意见，并根据旅客的意见调整供应品质、品种，改善服务质量。同时，尊重外籍旅客和少数民族的饮食习惯。

六、动车组列车广播服务标准

（1）广播、视频内容以方便旅行生活为主，介绍宣传安全常识和车辆设备设施的使用方法，提示旅客遵守安全乘车规定，播报前方停站、到站信息等内容，可适当插播文艺娱乐、文明礼仪、沿线风光、民俗风情、餐食供应、广告等节目。

（2）广播语音清晰，音量适宜，用语准确，不干扰旅客正常休息。自动广播系统播报正确。广播常播内容要求录音化。使用普通话，经停少数民族自治地区车站的列车可根据需要增加当地通用的民族语言播音；过港列车可增加粤语播音。直通列车可增加英语播报客运作业信息。

（3）视频系统性能良好，使用正常，始发前开启系统播放节目，播放内容符合规定并定期更新。

七、动车组列车经营服务标准

1. 餐饮经营服务

售卖行为规范,主动热情,服务周到,用语规范,音调适宜,严禁高声叫卖、演示售卖商品,收款轻声唱收唱付。

(1)商务、特、一等车厢售卖服务。

列车始发开车后售货车不得进入商务、一等车厢,待商务、一等车厢乘务员赠品发放完毕后方可进入,售货期间主动避让旅客,推车平稳轻缓,按需提供售卖服务,有需求轻声服务,无需求不打扰。

(2)餐吧经营服务。

餐吧车不间断营业,餐服长在吧台内提供适需服务。售卖餐食时,佩戴口罩、手套和围裙,收取现金或使用 PDA 收款,现金使用专用款箱存取。

(3)送餐服务。

列车提供订餐、送餐服务。餐服长可以按照用餐需求请示列车长后播放用餐广播,餐饮服务人员深入车厢提前对需要用餐旅客进行预订登记并向餐服长汇报,提前按需加热餐食。餐饮服务人员使用航空车或托盘送餐,推车下车厢售卖时,戴口罩、手套和穿围裙,准备发票和零钱,按需提供发票、找零,行进中主动避让旅客,停留时车辆处于制动状态,不影响旅客通行。

2. 特色经营服务

为满足旅客的饮食需求,实现餐饮供应多元化,铁路部门接连推出互联网订餐服务和土特产预订服务,通过市场竞争机制,改善整体餐饮服务质量,提升企业形象。

(1)互联网订餐服务。

客运段负责担当列车互联网订餐的车上配送服务,依据订单在供餐站站台接取餐食并配送至订餐旅客。处理自身作业环节中出现的异常问题,包括取证确认上传及退单等工作。

列车长须掌握本次列车经停的互联网订餐站,到达订餐站前 30min 刷新网络订餐移动终端 App,掌握本次列车前方站订餐情况,遇有无座订餐人核对旅客所在车厢位置。

安排 1~2 人在固定列车门口与车站配送人员办理交接,短编列车在 5 号车,长编列车在 9 号车,重联动车组在 5、13 号车。站车交接全过程开启视频记录仪记录,核对数量后在交接本上签字。

列车乘务员依据列车餐食派送单分车厢及时派发餐食,30min 内发送到位,派发时通过车票或手机号核验旅客身份,派发结束后通过手持终端反馈信息,并标记异常订单。无座订餐人(旅客)在票面标记的车厢号凭订单手机号码后 5 位领取餐食。

(2)土特产预订服务。

及时查看网络特产订单,确认订单信息准确无遗漏,列车长指派专人在站台固定位置办理交接,核对数量以及检查包装、封条是否完好无损,核对无误后,与车站交接配送人员签字交接。交接特产超过 25kg 的,由车站配送人员协助乘务员搬运至车门内。

列车配送人员依据派送单及时派发特产,通过车票或手机号核验旅客身份,派发结束后通过手持终端标记异常订单,无反馈信息订单视为正常订单。无座预订人(旅客)在票面标记的车厢号,凭订单手机号码后 5 位领取特产。

(3)列车广告经营。

动车组列车广告发布的内容、形式应当符合《中华人民共和国广告法》,布局合理,安装牢固,内容健康,与列车环境协调,不挤占铁路图形标志、业务揭示、安全宣传等客运服务内容或位置,不影响安全和服务功能,不损伤车辆设备设施。

动车组列车可在车厢过道两侧、车厢客室入口端墙内外两侧、盥洗室两侧、动卧走廊窗户上方及餐车过道、吧台边墙等适当位置设置广告展示牌,动车组除车门玻璃可设置冠名广告外,不得占用其他车窗。

列车广播或电子屏可发布植入式冠名广告,植入的冠名字数不得超过10个字。列车播放视频广告时,外放声音不得影响列车广播的正常播放,且音量不得高于30dB。

利用列车车载电视穿插播放广告时,每次广告播放时间不得超过2min;两次广告之间的间隔时间不得少于20min,其间播放的节目不得含广告内容。企业宣传片应以独立节日形式播放,不得在其他节目中插播,时长不得超过5min,播放间隔不得少于60min。播放客运作业信息前后5min内不得播放广告。

复兴号列车不得以任何形式发布广告。

任务实施

1. 根据任务书编制客运作业过程

G1234次旅客列车(长春—上海虹桥)在沈阳北站的发车时间为11:31,正点到达下一站锦州南站的时间为13:46,请编制乘务组由沈阳北站到锦州南站之间的服务作业过程,并进行模拟演练。

2. 任务分组

班级		组号	
小组成员及分工	姓名	学号	分工

3. 评价考核

项目名称	评价内容	分值	评价分数		
			自评	互评	教师评价
职业素养考核 (30%)	着装规范	5			
	责任意识	5			
	团队合作能力	5			
	交流表达能力	5			
	安全意识	10			

续上表

项目名称	评价内容	分值	评价分数		
			自评	互评	教师评价
专业能力考核（70%）	乘务组成员分工合理	10			
	作业过程规范	30			
	作业内容正确	30			
总分	自评(20%) + 互评(20%) + 教师评价(60%) =				
综合等级					

任务2.4　站车客运信息无线交互系统运用

教学目标

◆ 知识目标

1. 掌握站车客运信息无线交互系统的功能。
2. 掌握站车客运信息无线交互系统的业务流程。

◆ 技能目标

1. 会操作站车客运信息无线交互系统终端。
2. 会使用站车客运信息无线交互系统终端进行规范化作业。

任务导入

2019年1月10日上午9:00,武汉市民邬女士乘坐G77次列车前往长沙,10:19到达长沙南站。下车时,她不慎将一顶新买的帽子遗失在了座位上,出站时才发现。她第一时间拨打了12306铁路客服热线,并将她的座位信息04车13D告诉了客服人员。没过多久她就接到了列车长周女士的电话:帽子找到了。电话里,她和列车长约定了交接物品的方式。其实,邬女士能如此迅速找回丢失的物品,主要归功于铁路部门功能强大的站车无线交互系统。

12306客服人员受理了邬女士的诉求后,立即查询到了G77次列车的运行情况和值乘人员情况,并将04车13D旅客邬女士遗失帽子的信息,以工单的形式发送到了列车长周女士的手持交互机上。周车长看到信息后,直奔04车13D座位查找,果然找到了仍然挂在衣帽钩上的帽子,并通过邬女士留的电话回复了她。

请同学们思考:

站车客运信息无线交互系统的运用大大提高了站车客运服务的效率和质量,那么它如何发挥作用?站车客运信息无线交互系统还有什么其他的功能呢?我们如何运用这些功能呢?

 **理论知识**

为了及时掌握客流动态、实时信息,车站和旅客列车之间客流信息必须及时传报。传统的站车客运信息传报是指车站向列车递交纸质版的乘车人数通知单,向列车提报乘车人数,同时,旅客列车如遇客流高峰造成严重超员时,列车长及时向有关车站拍发超员电报,整个过程存在着数据传输不准确、不及时的风险。

随着科技的发展,铁路客运系统不断进行信息化升级。2010年春运后逐步在全路推广使用站车客运信息无线交互系统,搭建了车地信息一体化的无线交互平台。通过该系统,旅客列车上可精确掌握席位的使用情况和旅客乘降区段,车站也可实时掌握列车上的超员信息、旅客数量、补票数量等客运信息,列车与车站的办公业务信息准确、及时、同步。

一、站车客运信息无线交互系统概述

铁路站车客运信息无线交互系统是车地协作的信息平台。地面售票情况通过该系统及时报送到指定列车,系统终端可以实现查询功能,包括登/退乘、席位统计、席位管理、数据下载、车次信息、查验车票、在线补签、余票查询、乘车证查询、重点人员、客运记录、保险查询、席位置换等功能。列车从车站开出后,地面系统负责从客票系统获取乘车人数通知单、列车席位等相关信息,通过无线传输通道,发送给指定的移动终端设备,列车长可以通过无线终端机接收到席位的出售情况,提高了列车空余席位的查询效率。除此之外,站车客运信息无线交互系统终端机还设定了验票程序,可通过直接扫描车票二维码,显示票面信息,查验车票真伪。

通过使用该系统,列车工作人员可以精确地掌握每个席位的使用情况、乘降区段,包括互联网电子票查验、实名制车票挂失信息查验、电子时刻表、电子客运规章等功能,使客运组织和管理准确、有序,提高了服务水平。列车工作人员可以利用地面信息做好旅客服务工作,同时向地面系统及时汇报列车上的客运信息,实现了车地信息一体化,基本实现了铁路列车客运作业无纸化办公。

该系统在降低运营成本的同时,还通过先进的信息化作业模式,提高了客运管理水平与服务质量,实现了站车客运信息交互模式由传统向现代转变、由手工作业向自动化作业转变、由粗放管理向集约化管理转变的重大突破,使铁路客运信息交互水平迈上了一个新台阶。

通过站车客运信息无线交互系统,建立站车客流信息传报制度,是合理组织旅客乘车、控制列车超员、弥补列车虚靡、实现旅客计划运输的主要措施之一,能够使始发站、中间停车站的客流得到合理输送,列车前方停车站能有预见地组织旅客乘车,以保证旅客的均衡运输;同时,为列车提供良好的服务条件,对车站组织售票,维护站、车秩序,保证旅客列车安全、正点运行起着重要作用。

二、站车客运信息无线交互系统的组成

站车客运信息无线交互系统构建了一套为铁路客运站和列车之间提供实时信息交互的无线信息传输平台,实现地面和车上乘车人数通知单、席位发售及剩余等信息的自动交互,

使动车组列车员随时掌握最新的列车席位发售情况,方便车上工作人员进行旅客管理及办理补票等工作。同时,客运段管理人员可以及时了解列车上的相关信息,并能够向列车工作人员传达相关业务信息。

站车客运信息无线交互系统由列车便携式移动终端(配备双模无线通信手持终端或便携式计算机)和地面设备组成。站车客运信息无线交互系统结构图如图2-10所示。

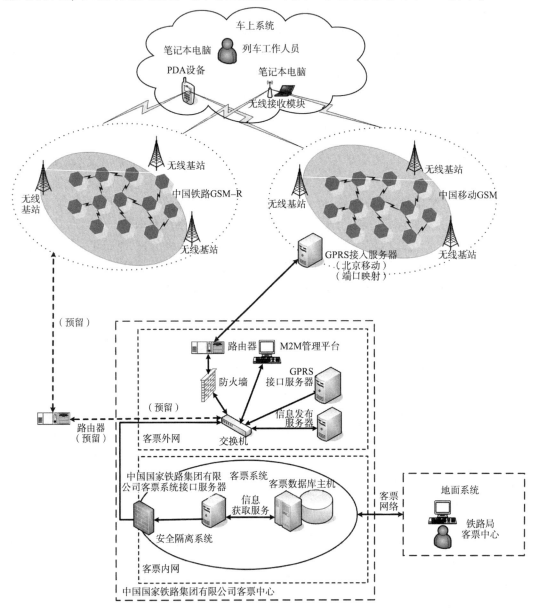

图 2-10 站车客运信息无线交互系统结构图

(1)列车便携式移动终端通过公用无线网经过信息交互平台,向客票信息发布服务器发送查询请求信息,由客票信息发布服务器从客票系统获取列车相关信息反馈到列车便携式移动终端。

(2)地面系统由客票信息发布服务器、GPRS 接口服务器、安全隔离系统、路由器及防火墙等设备组成。地面系统由设置在国铁集团和铁道科学研究院设置的客票信息发布服务器,负责从客票系统获取乘车人数通知单、列车席位等信息,并通过无线传输通道,推送给指定站车移动终端设备。

(3)为确保站车客运信息无线交互系统的安全,GPRS 接口服务器通过信息交互平台与 GSM 和 GSM-R 网络互连,用于完成移动设备与地面系统之间的信息传递。

三、站车客运信息无线交互系统终端业务功能

站车客运信息无线交互系统终端业务功能主要包括如下。

1. 二维码扫描功能

扫描车票二维码,识别车票信息,进行业务操作;扫描证件,查询车票信息,如图 2-11 所示。

图 2-11 标题栏(左侧为扫描功能)

2. 主功能区

主功能区包括席位统计、席位管理、信息查询和业务操作功能,如图 2-12 所示。

图 2-12 主功能区界面

(1)席位统计功能可以查看乘车人数通知单、车内人数和旅客密度表,如图 2-13 所示。

a)乘车人数通知单

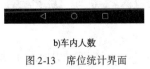
b)车内人数

c)旅客密度表

图 2-13 席位统计界面

（2）席位管理功能可以查看分车厢定员人数和实际人数、分席别的定员和实际人数以及实现车厢席位可视化，方便列车员查验车票，登记重点旅客信息等，如图2-14所示。

a) 车厢定员视图　　　　b) 席别定员视图　　　　c) 车厢定员登记/查看

图2-14　席位管理界面

（3）信息查询功能包含客运信息查询和客管信息查询（客管登录列车长可查看），客运信息查询包括"余票查询""中铁银通卡查询""席位置换查询""联网电子票查询""乘车证查询""实名制查询""保险查询""中转查询""会员信息查询""重点人员查询""失信人员"，如图2-15所示。

（4）业务操作功能包含客运业务操作和客管业务操作（客管登录列车长可查看）"车票补签""客运记录-挂失票""客运记录-席位调整""客运记录-空调故障"功能，可以实现车票补签和开具电子客运记录，如图2-16所示。

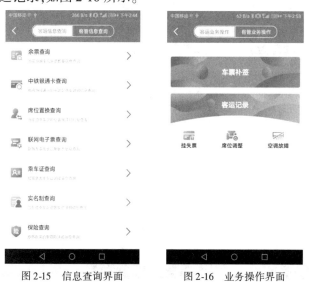

图2-15　信息查询界面　　　　图2-16　业务操作界面

3. 电子票查询功能

列车电子票定时更新下载，通过此功能可以实现电子票可视化管理，同时将旅客的证件号后四位和旅客姓名第一位显示在列车席位视图的下方,方便工作人员快速核验。此外,可以对未检票的旅客进行登记,相应的旅客的电子客票会出现"车上已验"标记;可对旅客证件号后四位进行搜索,可以查询对应的电子票信息,如图2-17所示。点击"刷新视图",可对信息进行更新,如图2-18所示。

4. 列车信息

在停靠站信息下载完毕之后,可以显示停靠站的车次信息列表,如图2-19所示。

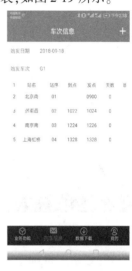

图2-17　电子票查询界面　　　图2-18　电子票刷新界面　　　图2-19　车次信息

5. 余票查询功能

通过该功能可以实时查询本次列车所选乘车日期、所选出发站、到达站的余票信息。

6. 在线补签功能

扫描旅客车票上的二维码,显示车票二维码信息后,可以完成在线车票补签,过程如图2-20～图2-22所示。

图2-20　扫描车票界面　　　图2-21　在线补签界面(1)　　　图2-22　在线补签界面(2)

7. 保险查询

通过此功能可以查询符合条件的购买乘意险的旅客车票信息,如图2-23所示。

8. 客运记录功能

客运记录功能分为空调故障、席位调整和挂失补登记三部分内容。

（1）当发生空调故障需要退还票价差额时，对车厢号、故障区间、席位信息进行空调故障登记，根据铁路责任退票规定，可以退还空调故障区间的票价差额，如图 2-24、图 2-25 所示。

图 2-23　乘意险查询界面　　　图 2-24　空调故障界面　　　图 2-25　空调故障退差界面

（2）当进行席位调整需要退还票价差额时，需要对车厢号、故障区间、原席别、新席别、席位进行登记，如图 2-26 所示。

四、站车客运信息无线交互系统业务流程

（1）列车配置手持设备或便携式计算机作为接收终端，乘务员在本趟列车始发 30min 前启动系统，完成登录和本次列车基础信息下载，用户名为列车在始发站的车次，登录密码为列车图定始发日期，如图 2-27 所示。登录成功后，系统自动开始数据下载。

图 2-26　席位调整界面　　　图 2-27　登录职位

(2)客运段配置专用的 PC 机作为接收终端,维护本段担当列车车次目录等相关信息,以确保及时接收地面系统发送的信息。

(3)车站设专人做好乘车人数通知单的发送工作,至少在列车开车前 5min 点击客票系统计划管理模块"乘车人数通知单"中"打印"按钮,统计该列车在本站的售票情况及剩余席位;遇有列车晚点,车站应在客票系统中做"晚点"调度命令。

(4)列车运行中,列车乘务员应于到站前 10min,激活处于休眠状态的站车客运信息无线交互系统,以使自动接收信息;如开车后 5min 仍未收到相关信息,列车乘务员应启动移动终端设备上的信息下载程序,进行手动下载。

(5)列车乘务员接收信息后可进行列车补票,查验车票真伪。

(6)到达本次列车终点站后,列车乘务员须注销身份,退出系统。

(7)客运段可查询各次担当的列车密度表,并结合列车补票信息编制相关报表。

五、站车客运信息无线交互系统应急处置

(1)当终端设备在始发站发生故障时,列车应及时启用备用终端设备。

(2)当网络通道、地面系统或列车运行途中终端设备发生故障时,列车长应向故障发生地所属铁路局集团公司客运部报告;由该局集团公司客运部顺序通报列车运行前方各局集团公司,通知前方各停靠站打印并递交"乘车人数通知单"。

(3)由于调试通道或地面系统等需中断系统的正常运行时,相关部门必须提前 5 天报国铁集团批准后方可实施,调试期间相关车站将临时恢复打印和递交"乘车人数通知单"。

 任务实施

1. 任务要求

(1)了解站车客运信息无线交互系统的相关知识。

(2)数量掌握站车客运信息无线交互系统终端的操作方法。

2. 任务内容

组织学生自由分组,根据课程所讲内容设置情境,进行实操模拟演练。

(1)各小组领取站车客运信息无线交互系统终端设备,检查设备。

(2)根据操作手册,熟悉设备使用方法。

(3)各小组编制任务情境,明确成员分工,进行模拟演练。

3. 任务分组

班级		组号	
小组成员及分工	姓名	学号	分工

4. 评价考核

项目名称	评价内容	分值	评价分数		
			自评	互评	教师评价
职业素养考核（30%）	着装规范	5			
	责任意识	5			
	团队合作能力	5			
	交流表达能力	5			
	安全意识	10			
专业能力考核（70%）	乘务组成员分工合理	15			
	操作规范、正确	15			
	作业过程规范正确	30			
	服务用语文明正确	10			
总分	自评(20%)＋互评(20%)＋教师评价(60%)＝				
综合等级					

复习思考题

1. 简述动车组乘务组的组成和分工。
2. 乘务组的主要工作有哪些?
3. 什么是包乘制和轮乘制?
4. 动车组列车人身安全管理包括哪些方面?
5. 动车组列车上有哪些安全设施设备?
6. 动车组乘务员仪容仪表规范要求有哪些?
7. 简述动车组列车服务工作原则。
8. 动车组列车站车无线交互系统终端有哪些业务功能?
9. 站车客运信息无线交互系统有哪些业务流程?

项目 3　高速铁路旅客运输计划编制

  项目描述

　　旅客运输计划是铁路旅客运输组织工作的前提和主要组成部分。本项目主要介绍内容包括：旅客运输计划的内容、旅客运输产品、客流的特点以及动车组旅客列车的种类，旅客运输需求的特征和影响因素，客流调查和客运量预测的常用方法；客流计划的相关概念、编制依据和流程；高速铁路旅客列车运营方案的编制方法和过程；票额分配的依据和方法，完成运输能力和旅客需求的匹配。

任务 3.1　旅客运输计划认知

  教学目标

◆ 知识目标
1. 掌握旅客运输计划的分类。
2. 掌握动车组旅客列车的种类。

◆ 技能目标
1. 能够识别旅客运输计划的种类和作用。
2. 能够根据车次分析动车组旅客列车的种类和配属。

  任务导入

　　2020 年 5 月 4 日正在进行联调联试的通沪铁路赵甸至黄渡段再传"捷报"，在前期逐级提速联调联试的基础上，进行最高测试速度运行试验，试验列车顺利跑出了开行速度 220km/h 的试验目标速度值，实现了联调联试又一阶段目标。在完成逐级提速试验后，通沪铁路赵甸至黄渡段将先后转入信号系统联调联试阶段和运行试验阶段，验收合格并通过安全评估后，力争 2020 年 6 月底具备开通运营条件。

　　通沪铁路是国家《中长期铁路网规划》"八纵八横"高铁网中沿海通道的重要组成部分，工程建设分一期和二期工程推进，其中一期工程为赵甸至黄渡段，二期工程为太仓至四团段。通沪铁路赵甸至黄渡段,从既有南京至启东铁路赵甸站引出,南行跨越长江,经江苏省张家港市、常熟市、太仓市和上海市嘉定区,引入安亭西站,经既有京沪铁路终到黄渡站,正线全长137.5km,设计运行速度200km/h,设赵甸、南通西、张家港北、张家港、常熟、太仓港、太仓、太仓南、安亭西9个车站,预留常熟东站。

高速铁路旅客运输计划是指根据国民经济对高速铁路运输的需求所确定的铁路生产任务而编制的合理组织旅客运输和货物运输的计划。高速铁路旅客运输计划是国民经济计划的一个重要组成部分,是国家考核铁路运输业经济活动的重要依据之一。

请同学们结合自身生活经历,思考下列问题:
1. 为什么要制订旅客运输计划?
2. 旅客运输计划是根据什么制订的?
3. 旅客运输计划中计划的内容有什么?

 理论知识

高速铁路旅客运输计划是铁路运输计划的主要内容之一,是设计旅客运输产品、编制旅客列车运行图的基础,是旅客运输计划组织工作的前提,是确定客运设备、客运机车车辆修造计划及客运运营支出计划的重要依据。

从铁路旅客运输经营与组织的角度来看,编制旅客运输计划是反映市场需求,从旅客位移和服务需求出发,根据铁路旅客运输经营战略和产品市场定位,对铁路目标市场的客流进行梳理的过程。

铁路旅客运输的基本任务是充分满足人民群众在经济文化生活上的旅行需要,安全、快速、准确、舒适地将旅客运送到目的地。实行计划运输是铁路运输业为满足人民旅行需要、提高旅客服务质量、有效利用客运技术设备的重要保证。

一、旅客运输计划分类

旅客运输计划分长远计划、年度计划和日常计划。其中,长远计划和年度计划由计划部门负责编制,日常计划由客运部门编制。

1. 长远计划

长远计划一般为五年、十年或更长时期的规划,是铁路旅客运输的发展计划,通常根据国民经济计划的期间进行编制。长远计划是铁路网发展和企业经营的纲领性战略计划,它以满足国民经济和社会发展的运输需求为依据。其主要内容包括远期的旅客运输量和周转量、重大的技术政策和战略措施、新线建设、旧线改造、机车车辆购置等重大基本建设项目、投资规模、人才培养、经济效益的增长速度等。

2. 年度计划

年度计划包括旅客发送量、运送量、平均行程、旅客周转量等指标。年度计划是根据长远计划的要求和当年的具体情况制订的执行计划,是运输产品设计的前期工作,属于铁路企业经营的任务计划。

3. 日常计划

日常计划是指在年度计划的指导下,进行旅客运输作业的月、旬、日、班计划,是运输产品生产服务过程和质量管理控制过程的作业计划。一般结合日常和节假日客流波动情况而编制的。

另外,随着铁路信息化水平的发展和市场营销的要求,在既有的年度计划和运输方案的基础上,铁路客运部门还会根据季节性客流的变化对其进行季度或月度的短期预测,并形成更有针对性的节假日、高峰期或周末的客流计划,作为运输方案设计和调整的依据。

计划要正确反映客观经济规律的要求,我国高速铁路的发展成熟,促使高速铁路客运市场供给和消费需求也将发生巨大的变化,由此铁路客运部门在计划编制中起着越来越重要的作用。经验表明,以运输需求和运输服务为导向的运输方案和计划的制订是必然发展方向。

二、旅客运输计划的主要内容

一般来说,旅客运输计划内容用一系列指标来描述,指标是计划内容的数值标识。各种计划中相互联系的指标,构成铁路客运计划的指标体系。

旅客运输计划一般通过若干指标来表达,包括运送旅客人数、发送旅客人数、旅客周转量和旅客平均行程。

1. 运送旅客人数

运送旅客人数,又称旅客运输量(简称客运量),是指一定时期内,车站的始发和中转旅客人数;铁路局集团公司的始发、接入到达和接入通过的旅客人数,单位为人。

$$A_{局运} = A_{局发} + A_{到达}^{接入} + A_{通过}^{接入} \tag{3-1}$$

式中:$A_{局发}$——局发送的旅客人数;

$A_{到达}^{接入}$——局接入到达的旅客人数;

$A_{通过}^{接入}$——局接入通过的旅客人数。

国铁集团为全路各站始发的全部旅客人数和由国际联运、新建临管线接运的旅客人数,单位为人。

$$A_{运} = A_{发} + A_{国际} + A_{临管} \tag{3-2}$$

该指标反映的是为国民经济和人民生活服务的数量指标,也是制订和检查运输生产计划、研究运输发展规模和速度的重要指标。

2. 发送旅客人数

发送旅客人数,又称旅客发送量,是指一定时期内,车站、铁路局集团公司或全路始发的旅客人数。根据旅客旅行目的地的远近不同,旅客发送人数可包括市郊旅客发送人数、管内旅客发送人数和直通旅客发送人数,单位为人。

$$A_{发} = A_{发}^{市郊} + A_{发}^{管内} + A_{发}^{直通} \tag{3-3}$$

式中:$A_{发}^{市郊}$——市郊旅客发送人数;

$A_{发}^{管内}$——管内旅客发送人数;

$A_{发}^{直通}$——直通旅客发送人数。

全路旅客发送人数等于全路各站发送旅客人数的总和。一个铁路局集团公司的发送旅客人数等于铁路局集团公司管内各站发送旅客人数的总和。旅客发送人数是国家规定的旅客运输任务,它的多少反映着铁路客运工作满足工农业生产和人民物质文化需要的情况。该指标是编组旅客列车、组织旅客服务工作、配备劳动力及增加或改造技术设备等的重要参考资料。

3. 旅客周转量

旅客周转量是指一定时期内铁路局集团公司或全路所完成的旅客人公里数。旅客周转量按直通、管内、市郊三种客流分别计算，然后加总，单位为人·km，计算方法如下：

$$AL = A_{运}^{直} L^{直} + A_{运}^{管} L^{管} + A_{运}^{市} L^{市} \tag{3-4}$$

式中：$A_{运}^{直}$——运送直通旅客人数；

$A_{运}^{管}$——运送管内旅客人数；

$A_{运}^{市}$——运送市郊旅客人数；

$L^{直}$、$L^{管}$、$L^{市}$——旅客相应的乘车里程，km。

该指标是反映铁路运输企业生产总成果的重要指标，也是各局集团公司分配客运收入，计算分析运输效率、劳动生产率以及核算运输单位成本的主要基础资料。旅客周转量能较全面地反映铁路的旅客运输量，是铁路客运工作中重要的指标之一。

4. 旅客平均行程

旅客平均行程是指铁路运送的每一旅客的平均运输距离（公里）。计划时可按全局平均或按直通、管内和市郊分别计算，单位为 km。

$$L_{客} = \frac{AL}{A_{运}} \tag{3-5}$$

影响旅客平均运程的主要是城市布局、人民的物质文化生活水平、旅客构成、旅客运输方式构成、旅游业的发展水平和运输网扩大等因素。

三、动车组旅客列车种类（相关教学资源见二维码9）

动车组列车是指由若干带动力和不带动力的车辆以固定编组组成、两端设有驾驶室的一组列车。对于不同的客流和不同的线路条件需开行不同类型的动车组旅客列车。

二维码9

(1) 高速动车组旅客列车。高速动车组旅客列车指运行速度为 250km/h 及以上客运专线上的动车组列车，列车开行最高速度达到 250~350km/h，主要在客流较大的城市所在的始发、终到站，实现大城市间旅客快捷、便利的运输。

(2) 城际动车组旅客列车。城际动车组旅客列车是指在城际客运专线上运行，以"公交化"模式组织的短途旅客列车。列车开行最高速度达到 250~350km/h。

(3) 动车组旅客列车。动车组旅客列车是指运行于既有铁路线和高速铁路的动车组列车，列车开行最高速度达到 200~250km/h。

(4) 回送图定客车底列车。根据客车车底周转的需要，回送空客车底的旅客列车，一般不办理客运业务，原车次前冠以"0"符号。

(5) 因故折返旅客列车。由于发生自然灾害或事故导致铁路中断行车，致使旅客列车不能继续按计划运行，迫使其折返运行的旅客列车。

为适应客运市场变化，考虑不同层次的旅客出行需求，铁路部门根据客流及设备条件开行不同种类的旅客列车，以不断满足旅客的多元化出行需求。为规范和统一列车车次，铁路部门按照列车运行方向、列车种类、运行区段等将不同列车用字母和数字的形式分别进行标识。国铁集团规定全路向北京、支线向干线或指定方向为上行方向,编定为双数车次;反之为下行方向,编定为单数车次。高速铁路旅客列车的种类及车次范围见表3-1。

动车组旅客列车的种类及车次范围表　　　　　　　　　　　表3-1

旅客列车种类		车次范围
高速动车组旅客列车	直通	G1～G5998
	管内	G6001～G9998
城际动车组旅客列车	直通	C1～C1998
	管内	C2001～C9998
动车组旅客列车	直通	D1～D3998
	管内	D4001～D9998
动车组检测车、确认列车	开行速度300km/h	DJ1～DJ2000
	开行速度250km/h	DJ2001～DJ3000
	动车组确认列车	DJ5001～DJ9000
动车组试运行列车	运行标尺按300km/h以上	SG1～2000
	运行标尺按250km/h以下	SG2001～4000
回送图定客车底列车	在车次前冠以"0"	
因故折返旅客列车	原车次前冠以"F"	

任务实施

请学生通过网络查询或学校图书馆查阅国铁集团发布的《中长期铁路规划2020—2035》,了解我国高速铁路未来的发展规划,并进行课堂分享。

拓展阅读

铁路客运计划员的一天

"哒哒哒……"×年×月16日,在福州火车站客运计划室,客运计划员胡璐正忙碌着敲击键盘,将刚刚接收到的客运调度命令的一组组车次输入电脑,并进行核对。客运计划室是整个车站的重要纽带,承载着车站信息传达、票额分配以及席位调整等重要作业,作为客运计划员的胡璐要确保客运调度命令准确、及时接收,并做好核对工作。

当日14:30,胡璐已接连完成5个客运调度命令,才稍稍喘了口气。"我们的工作虽然不直接面对旅客,却和他们的出行息息相关。"胡璐说,"客运计划员负责车站客运调度命令的接收核对、客流数据分析和实时售票动态盯控,大到一趟列车的增开,小到一张车票上的检票口、时刻、票价等提示信息,都凝聚着她们的付出。"

"今天福州火车站预计发送旅客5.2万人次,旅客出行的方向集中在厦门、南平、建瓯、福鼎、霞浦、三明、龙岩方向。为满足客流需要,当日该站增开旅客列车4列……"这些看似简单的一串数字背后,是胡璐等客运计划员夜以继日地工作和付出。春运期间,铁路运输实行"一日一图",车站客运计划室工作量较往日成倍增加,客运调度命令应接不暇,胡璐迎来最忙碌的时刻,最多时一天要接到近30个客运调度命令,工作到凌晨,但细心负责的她从来没有出错过。"一个客运调度命令通常要在 30min 内完成输入核对,这份工作需要耐心和细心,更考验客运计划员的智慧和脑力,容不得半点失误。"

任务 3.2　编制客流计划

教学目标

◇ **知识目标**
1. 掌握高速铁路旅客运输需求特点和影响因素。
2. 掌握铁路客流调查和客运量预测的常用方法。
3. 掌握铁路客流计划的编制流程。

◇ **技能目标**
1. 能够设计和实施客流调查。
2. 能够运用科学的方法进行客运量预测。
3. 能够编制管内客流斜表和管内客流图。

 任务导入

2019 年春运自 1 月 21 日起至 3 月 1 日止,节前 15 天、节后 25 天。长三角铁路预计发送旅客 7470 万人次,同比增加 390.8 万人次,同比增长 5.5%,日均发送旅客 186.8 万人次。预计节前发送旅客 2860 万人次,同比增加 158.7 万人次,同比增长 5.9%;节后发送旅客 4610 万人次,同比增加 232.1 万人次,同比增长 5.3%。

长三角铁路春运客流将以基本流、务工流、学生流、旅游流和探亲流组织,预计客流将呈现三大特点:一是节前云贵川渝等传统重点方向的长途客流仍将提前启动,但启动时间距离春运较近;二是由于节前学生放假时间段跨入春运,节后开学时间大多在元宵节之后,因此节前初期与节后末期,学生流与务工流有所叠加;三是春运整体客流高峰持续时间仍较长,节中客流维持在相对低谷,但初二起仍将出现以厦门沿海方向为主的旅游小高峰。节前上海、杭州、宁波、温州地区和节后合肥、阜阳、徐州地区是长三角铁路春运的重点地区。

中国铁路上海局集团公司在 2019 年"1.5"新图基础上,安排增开 251 对旅客列车(节前 212.5 对、节后 231 对),较 2018 年春运同比增长 11.6%,其中长途直通临客 153 对(节前 133 对、节后 151 对),同比增加 8 对,短途管内临客 98 对(节前 79.5 对、节后 80 对)、同比增加 18 对,春运排定的旅客列车运行线达到 1151.5 对,客运运力创新高。

凡事预则立,不预则废。每一次客流高峰的到来都是对铁路客运部门的大考验,为满足旅客出行需求,铁路部门必须及时、科学地进行客流预测,提供相应运力。

请同学们思考:
如何科学、精准地进行客流预测呢?

理论知识

旅客按照需要选用一定的运输方式,在一定的时间和空间范围内发生位移,便形成客流。客流的产生与消失,与人们的乘车旅行活动密切相关。因此旅客乘车旅行与社会政治、经济因素有直接或间接的联系。

客流调查是铁路市场营销活动的出发点,铁路运输企业根据调查资料,相应地对旅客运输生产计划做出调整,如开行高速铁路列车和城际列车,减少旅客慢车;调整列车到发时间和运行径路;调整列车编组情况;等等。

因此,为了解旅客运输需求,继而正确编制旅客运输计划和客流计划,必须对影响客流变化的社会政治、经济、文化发展情况进行客流调查,即对影响客流发展和变化的因素进行全面了解,掌握客流的变化规律和规模,以提高旅客运输的计划性和科学性。

一、客流调查范围的划定

客流调查可以在列车上进行,也可以在车站及其铁路沿线的吸引区内进行。客流起点为路网中的各个车站,每个车站均按照统一的原则划定其客流调查的区域范围。车站的客流调查范围可分为直接吸引范围和间接吸引范围两种。

直接吸引范围是指车站所在地及其附近地区被车站直接吸引的城市和居民点的总区域,这个区域可用垂直平分线法画出它的大致范围。如图3-1所示,图上FGHI包围的地区就是D站的几何吸引范围。相关教学资源见二维码10。

二维码10

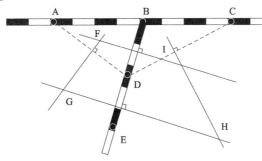

图3-1 直接吸引范围示意图

用垂直平分线法画出的吸引范围,还须考虑地形、地貌等条件,对旅客由各经济点、工业点、居民地至D站的距离、旅费、在途时间、方便程度等因素要进行具体分析,经过修正,最后确定吸引区的边界。

间接吸引范围是指车站直接吸引范围以外,由其他交通工作的联系而被间接吸引的较远地区的城市和居民点的总体区域。例如,位于机场、港口附近的客运站,经过航空和海运各航线来的客流,需要继续乘坐火车,即属于间接吸引范围的客流。

二、客流调查的方法

铁路常用的客流调查方法有综合调查、节假日调查、日常调查和专题调查等。近年来,随着高速铁路发展和运输市场竞争加剧,铁路运输企业越来越重视客流调查。其调查的目的、内容越来越丰富,既包括国铁集团全路性质的定点、定线的客流调查,也包括各铁路局集团公司进行的各类区域性质的客流调查。其中结合新线开通运营、新型客运产品和服务的推广以及开行方案优化等有针对性的专项客流调查越来越多。这样更有利于运营决策的科学化,为铁路客运产品目标市场的选定提出依据。

1. 综合调查

综合调查是调查范围最大和调查内容最丰富的,涉及所有影响客流变化的各类因素及其发展情况,一般服务于近期、中期或远期的客流量预测,往往与列车运行图调整、运输产品结构优化同步进行。

综合调查的主要内容包括:

(1)吸引地区的一般情况。它包括:地区的自然条件(位置、地形、气候、雨量等);行政区域的划分,城市、农村人口的分布和增长情况;工矿企业、机关事业单位学校的分布和发展情况,工矿企业生产水平及其与外地的供销联系;农业生产和劳动力的安排及有组织的或自发的劳动力外出等情况;文教、卫生事业的发展和名胜古迹、医院、疗养院的分布及吸引旅客的情况;地区交通的一般情况。

根据上述调查资料,可编制客流调查综合分析说明表,内容包括地区的自然条件,行政区域的划分,工矿企业、机关事业单位学校的分布,农业生产情况,文教卫生事业的发展,名胜古迹的分布及吸引旅客情况,地区交通简况。

(2)直接影响客流的各项因素。它包括:吸引地区的总人数,工矿企业、机关学校等的人员及家属人数,休假制度,利用铁路旅行的人数、时间、去向及节假日探亲的情况;吸引范围可供外地人员疗养、休养的处所、开放时间、床位及其周转时间;吸引范围的名胜古迹、游览胜地及历年各月的旅游人数,特别是通过铁路旅行的有关人数;历年特殊客流及大批人员运输情况(应分出主要到发区段)。

根据上述调查资料,可编制客流组成及运输情况,农村人口分布情况,工矿企业职工分布情况,国有农场人口分布情况,各大、中专院校人口分布情况,集市贸易情况,铁路通勤、通学、买粮、就医情况,大批团体旅客输入输出情况等报表。

(3)各种交通运输工具的分工情况。它包括:吸引范围内现有交通运输方式、运输能力历年的运量,客流在时间上的变化情况以及今后的发展;各种交通工具的运行线路,并找出与铁路联运和分担的人数及其比重;铁路与各种交通工具在运行时间上的配合情况。根据上述调查资料,可编制地方交通运输及联运情况表。

(4)铁路旅客运输资料。它包括:旅客发送、中转及达到人数;使用免票及通勤、通学人数;客流月、季度的波动情况及原因;历年客流变化及到达各区段的客流量;直通、管内和市郊的旅客列车对数、运行区段、时间及平时和客运量最大时的运能和运量的适应情况;其他与编制客流计划、组织旅客运输有关的资料。

综合调查最好每年例行在规定的时间内进行,并将调查结果按客流分析说明表等汇总编制成该年度的铁路旅客运输客流调查资料。这样,逐年按期进行,可以系统地取得历年资料,在了解、分析、对比和研究客流变化规律上具有很大作用。

2. 节假日调查

按国家颁布的法令,主要节假日有元旦、清明节、端午节、中秋节、国庆节、春节及学生每年的寒、暑两个假期。调查工作一般在节假日运输前一个月左右进行。春运期间客流量大（学生的寒假和春节运输连在一起），影响客流变化的因素比较复杂，客流调查应在春节运输前2~3个月内进行。调查的主要内容包括：重点工矿企业、机关事业单位、学校放假日期，社会活动及外地人口乘坐火车的流量流向；其他交通工具与铁路衔接运能、运量的变化情况等。

调查方法：由各工矿企业、机关事业单位、学校、部队等提出节假日旅行计划，包括乘车日期、车次、人数、到站以及返回日期等。由于旅客对春节乘车比较关心和重视，所以，一般春节提出的旅行计划比较可靠。节假日客流调查表见表3-2，由被调查单位填写，车站汇总。

节假日客流调查表　　　　　　表3-2

单　位_____　　　联系人_____
总人数_____　　　假日（节日）自____月____日至____月____日

乘车区段＼到达区段					共计人数
月　日					
月　日					
月　日					
月　日					
计					

3. 日常调查

日常调查是指车站的有关客运人员与旅客在购票、候车、乘车过程的接触中，对客流变化的各项因素进行调查了解。日常调查比较适宜在售票厅内进行，可利用旅客排队时间进行调查。列车上的调查，时间比较充裕，旅客也愿意主动配合。调查内容一般包括旅行目的、到达地点、返回日期及该单位人数和乘车旅行情况，以便随时掌握客流变化情况，分析客流增减数量、变化原因和持续时间等。

4. 专题调查

专题调查是指针对客流有关的某些问题进行的专项调研。根据目的不同，其调查内容、方法、形式都会有所不同，如针对某一时期内某车站的客运量调查，针对某次列车客流下降原因的调查，等等。

全面的、较大规模的客流调查，一般是以车站为单位，在车站吸引范围以内进行。由于调查的范围广，涉及的部门多，因此，必须成立调查小组，分工负责，分工包干，各级有关客运人员应把客流调查工作作为自己日常工作的一部分。铁路局集团公司主要是作重点调查，汇总并分析各站上报的客流调查情况。

经过调查，不仅可以了解影响客流变化的主要因素，而且可以直接计算某些客流量。例如，新兵入伍，老兵复员，购买定期客票的市郊客流和工矿企业、机关事业单位、学校提出的节假日乘车人数等。但是，有组织的客流毕竟只是全部客流的一小部分，要对计划期内旅客运输需要量做出总的推断，除了经济调查之外，还需根据发展趋势和客运量与其他因素的相关联系进行统计分析。

客流调查只是为编制客流计划提供一定的原始资料,因此必须对调查和统计的资料进行科学分析,研究客流在各个时期是如何受到社会政治、经济、文化发展影响的,再根据历史客流统计数据,分析其变化规律和增长率,最后综合社会调查,采用科学、适当的防范技术对客流进行预测。

三、客运量预测方法和特点

(一)客运量预测方法

预测是指人们利用已经掌握的信息资料和手段,预先推测和判断未来或未知状况的结果。预测过程是在调查研究和科学实验基础上的科学分析。客运量预测既是铁路旅客运输计划的基础,也是铁路新线建设、旧线和技术设备改造的重要依据。客运量预测有近期预测、中期预测和长期预测之分,也有全路预测和地区预测之分。

由于铁路客运量的变化受节假日或旅游季节、政策变化等因素影响会产生较大的波动,因此对于铁路运输这一因素众多、关系复杂的大系统来讲,可以综合运用多种预测方法,来达到科学预测的结果。下面介绍几种常见的预测方法。

1. 乘车系数法

乘车系数法是以总人口和平均乘车率预测旅客发送量的方法,这种方法是铁路客运量预测的常用方法。平均乘车率是指旅客乘车总次数与吸引范围内总人口的比值,即人平均年乘车总次数。使用这种方法的关键是运用历史资料作为参考,并综合考虑吸引范围内旅客出行量的发展趋势,其计算公式为

$$Q_t = M_t \beta \tag{3-6}$$

式中:Q_t——预测期运量;

M_t——预测期内的总人口;

β——乘车系数。

2. 回归分析法

回归分析法是根据一个或几个自变量的变化,利用统计学原理来预测另一个因变量变动的方向和程度。在预测铁路客运量时,影响它的因素有 GDP(国内生产总值)、人均收入等。在通常情况下,只考虑一种因素的一元回归预测比较简单,适用较多,但预测精度受到限制,主要用于中、短期预测,其模型的标准形式为

$$Y = a + bx \tag{3-7}$$

式中:Y——预测值;

x——影响因素,即相关变量;

a、b——回归系数。

回归系数 a、b 计算公式为

$$a = \frac{\sum y_i - b \sum x_i}{n} \tag{3-8}$$

$$b = \frac{n \sum x_i y_i - \sum x_i \sum y_i}{n \sum x_i^2 - (\sum x_i)^2} \tag{3-9}$$

式中:x_i、y_i——原始观察值;

n——原始数据项数。

回归模型建立后,必须对模型进行校验。只有经检验合格的模型,方可用于实际预测。这种检验通常经过计算相关系数 r 来进行。值越大,说明 x 和 y 线性相关程度越高。

3. 移动平均法

移动平均法是取预测对象最近一组实际值的平均值作为预测值的方法,移动平均的本质是使原始数列中异常的历史数据被平均,来消除偶然性因素的影响。其特点是假定预测的客运发送量过去的变化趋势会同样延续到未来,因此可以根据过去的时间序列数据推算出事物的变化趋势做出预测。预测公式为

$$Y_{\text{计}} = a + bt \tag{3-10}$$

式中:t——时序数;

a、b——参数。

设一次移动平均数为 M_t^1,二次移动平均数为 M_t^2,取平均时距为($n=3$),则

$$a = 2M_t^1 - M_t^2 \tag{3-11}$$

$$b = M_t^1 - M_t^2 \tag{3-12}$$

其中,M_t^1、M_t^2 的求解方法如下:

设各年的实际客运量为 X_{01}、$X_{02}\cdots X_n$,则

$$M_{t(03)}^1 = \frac{X_{01} + X_{02} + X_{03}}{3}$$

$$M_{t(04)}^1 = \frac{X_{02} + X_{03} + X_{04}}{3}$$

$$M_{t(05)}^1 = \frac{X_{03} + X_{04} + X_{05}}{3}$$

二次移动平均数是一次平均数的再次移动平均,则二次移动平均数 M_t^2 为

$$M_{t(05)}^2 = \frac{M_{t(03)}^1 + M_{t(04)}^1 + M_{t(05)}^1}{3}$$

4. 指数平滑法

指数平滑法的原理是通过对历史观察值进行加权处理,平滑掉部分随机信息,并根据观察值的表现趋势,建立一定的模型,据此对预测对象做出预测。指数平滑法包括一次指数平滑、二次指数平滑和三次指数平滑。其中,一次指数平滑计算公式为

$$\overline{Y}_{t+1} = \alpha Y_t + (1 - \alpha)\overline{Y}_t \tag{3-13}$$

式中:$\overline{Y}_{t+1}$——$t+1$ 期的预测运输量;

Y_t——t 期的实际运输量;

α——平滑系数($0 \leq \alpha \leq 1$);

$\overline{Y}_t$——t 期的预测运输量。

平滑系数越小,说明近期数据对预测值影响越小,预测得到的结果会比较平稳;反之,平滑系数越大则近期数据对预测值的影响大,说明远期数据对预测值的影响小。

趋势问题的确定有两种方法:一是由经验确定,若统计资料实际值的长期趋势为接近稳定的常数,应取居中的值(一般取 0.4~0.6);若统计资料实际值呈明显的季节性波动(波动大),则应该取较大的值(一般取 0.6~0.9),使近期的实际值在指数平滑值中有较大的作用,从而使近期的实际值能迅速地反映在未来的预测值中;若统计资料实际值长期趋势变动较为缓慢(波动小),则应该取较小的值(一般取 0.1~0.4),使远期资料值的特征也能反映在指数平滑中。二是实验法,选择几个不同的值进行试算,取其平均误差小者进行预测。

目前,我国高速铁路正处于高速建设和快速发展阶段,规划的各种新建线路也在不断投入运行,对于新建高速铁路线路,没有统计资料,只有在调查研究的基础上,借助预测者的丰富经验,并和规划线路条件相近的既有线类比来进行预测。

(二)高速铁路客运量预测特点

目前我国的铁路客运量由既有线与高速铁路共同承担。我国高速铁路建设基本分成两类:一类是与既有线并行的高速铁路,另一类是城际高速铁路。不同类型的线路,面对的客运市场竞争环境和竞争条件特点各异,其预测方法选择及应考虑的因素均有一定差异。

1. 与既有线并行的高速铁路

与既有线并行的高速铁路的特点:建在相对成熟的客运通道上,与其他客运交通运输方式相比,由于在速度、价格、方便性和服务上更具有优势,高速铁路会吸引其他运输方式的客流,扩大铁路市场份额;同时,在既有线基础上,高速铁路承担了大部分的中长距离和区域之间高密度、高质量要求的高端客流,既有线承担剩余的客流,如京沪高铁、京广高铁均属于该类型的高速铁路。

在对这类线路的客运量进行预测时,需要考虑与其他交通运输方式的竞争和与既有线的合理分流。

2. 城际高速铁路

城际高速铁路一般在城市群内建设,如京津冀地区的京津城际和长三角地区的沪宁杭城际等。城际高速铁路主要承担短途的高密度客流,能够实现公交化的运营模式,城市间的通勤客流占比较大。从距离上来看,它的主要竞争对象为公路运输。因此,在进行客流预测时,需要考虑都市圈内城市之间的经济和产业联系。

四、旅客运输计划的编制依据

客流计划是旅客运输计划的重要组成部分,它既是实现旅客运输计划的技术计划,又是旅客运输能力的分配计划和旅客运输组织的工作计划。因此,掌握旅客运输计划期内的客流变化规律和客流量,是正确编制旅客运输计划和客流计划,不断提高旅客运输的计划性和管理的科学性的重要前提。

在实际工作中,旅客运输计划的主要编制依据包括以下内容。

1. 客流调查资料

客流调查是了解客运需求、预测客运量的过程,是编制旅客运输计划的基础和前提。根据客流调查资料,可以掌握客运量的变化规律和发展情况。对于大批团体客流和节假日客流,可通过专门的客流调查确定旅客的流量和流向,为制定客流计划提供可靠的资料。

2. 旅客运输统计报告资料

旅客运输统计报告资料,是掌握旅客运输变化规律的重要资料。根据旅客运输统计报告资料,可以分析历年的实际客流量、流向及其变化规律和增长率,可以查明旅客运输的季节性波动。通过对旅客运输统计报告资料的分析,一方面可以了解旅客需求结构,为设计和优化产品做准备;另一方面可以详细、系统地分析旅客运输计划中的各项指标。目前这两项共组分别由运输部门和统计部门完成,通过分析各方向、各次列车乘车人数的统计资料,可以确定各区段列车的利用情况。

旅客运输统计报告资料主要包括下列内容:

(1)旅客运输部门掌握的日常统计分析资料。

车站和车务段根据售出客票记录,按直通、管内分别编制售出客票报告(月报)及退票报告(月报)等业务统计资料,报局收入检查室汇总报局统计部门,并根据各次列车上下车人数的统计按日、旬、月分车次、去向统计发送旅客及中转旅客的流量。局集团公司根据车站报告可以掌握各次列车座席利用率,有计划地组织日常运输。通过客票发售和预订系统可以提供分地区、局、站段的客票发售和客流交换数据;分线路、区段的客流情况;分车次、座席的旅客人数和能力利用情况;根据资料汇总,总结客流规律,作为编制客流计划的参考。

(2)由统计部门编制的客流统计资料。

车站和车务段根据售出客票记录,按直通、管内分别编制出客票报告(月报)、退票报告(月报)及区段票、代用票一起报局统计部门,再由局统计部门根据各站的售出客票报告、退票报告和局间交换资料(输入和通过客流)编制下列有关报表:

①站别旅客发送统计表——客报1。该表是统计实际客流的重要资料,表明各站发送的直通、管内客流情况。

②旅客运输量及周转量统计报表——客报2。该表根据本铁路局集团公司旅客发送资料和各铁路局集团公司交换资料编制,表示各铁路局集团公司旅客运输量、人公里及旅客平均行程的完成情况。

③分界站旅客输出、输入及通过人数统计报表——客报3。该表表示局间旅客去向及各局间分界站输出、输入和通过旅客人数。

④区段平均旅客密度统计表——客报4。该表是为了考核铁路营业线上各区段的旅客密度。根据本局集团公司和外局集团公司的资料,按直通、管内,分上下行方向编制站间密度,再汇总成区段平均密度表。

⑤旅客运输距离统计表——客报5。该表按照运行距离分段统计旅客运送量和人公里数,用于了解和研究旅客行程情况。

3. 客运业务及营销统计资料

随着铁路信息化的发展,基于铁路客票系统的原始信息所衍生的铁路客运业务及营销统计分析资料越来越成为制订客流计划的参考依据,尤其是实名制购票以来,客流信息统计分析可以具体到列车、产品级的客流时空分布、结构等,信息全面且反馈及时,针对性强,如站段的运能、运量等,旅客列车的运输情况,详细的运输指标等。根据这些信息,可以基本满足客运组织、日常优化调整等决策要求,这对于客流计划的制订和旅客列车运营计划调整具有越来越重要的作用。

通过客流调查,并结合客运统计报告资料和客运业务及营销统计资料的分析,既可了解吸引地区客流产生与变化的一般规律,也可为编制旅客运输计划提供一定的原始资料。这些情况是编制客运长远计划、年度计划的重要依据,也是编制旅客列车运行图、掌握日常客流变化和改善客运设备、进行客运基本建设的必要资料。

五、客流计划的编制方法

客流计划的编制工作是在国铁集团的集中统一领导下进行编制的,共分为三个阶段:下达任务,准备资料;铁路局集团公司编制客流图和客流计划;国铁集团汇总直通客流图和编制客流计划。

1. 下达任务,准备资料

在编制新列车运行图确定旅客列车开行方案前,一般首先要编制客流计划。由国铁集团指定用历史数据中某月份的客流统计资料进行分析,该月份被称为客流月,于客流月前下达编制客流计划和客流图任务,同时公布全路直通客流区段(管内客流区段由路局自定)。这里所说的客流区段,它不是一般的列车运行区段或机车牵引区段,而是指客流的到达区段,其长度按客流密度的变化情况而定。凡各大城市之间,客流密度大致相同的地点,衔接几个铁路方向的大型客运站,各局间的分界站,都是划分客流区段的始发和终到站。

2. 铁路局集团公司编制客流图和客流计划

各铁路局集团公司统计部门按铁路客货运输统计规则的要求,提出客流月的直通、管内分客流区段的发送旅客流向统计资料。目前,我国铁路的统计方法以电子统计方式为主,个别使用人工统计方式。

根据统计规则和国铁集团运输、统计部门的要求,铁路局集团公司各客运部门根据分客流区段的旅客流向资料,按日均数编制客流图。客流图又称客流区段图,是旅客由发送地至到达地所经过的客流区段的图解表示,如图 3-2 所示。编制客流图的主要目的是为编制列车运行图提供确定旅客列车对数和运行区段所需的计划客流量。经常编制客流图,可以积累各个时期各铁路线客流的流向和流量变化情况,掌握客流变化规律,以便提供日常和节假日客流组织办法。

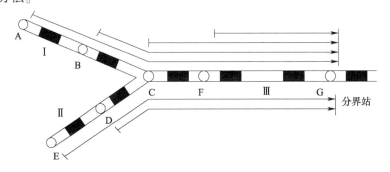

图 3-2　客流图

客流图能够反映各区段客流流向和流量变化情况。按照客流性质，客流图可分为直通客流图和管内客流图。

（1）直通客流图。

直通客流图是由一个铁路局集团公司所属各客流区段产生的客流，经过一个或几个铁路局集团公司间分界站到达全铁路局集团公司的各客流区段的客流图解表示。每个铁路局集团公司都有一条或几条铁路线作为编制客流图时的起始、终到或通过区段，每条铁路线根据客流密度的不同，又可分为一个或几个直通客流区段。各直通客流区段的直通客流都是由以下三部分组成：

①输出客流。输出客流是由本局各直通客流区段内产生通过局间分界站交到外局的客流。

②输入客流：输入客流是由全路各铁路局集团公司的各直通客流区段内产生的直通客流，通过本局分界站到达本局各直通客流区段内的客流。

③通过客流：通过客流是由本局的一个局间分界站接入到另一个局间分界站交到外局的客流。

各铁路局集团公司和全路的直通客流图，只编制直通到达客流。为了简化统计工作量和便于全路的客流汇总工作，直通客流图应按国铁集团公布的直通客流区段绘制。在图上表示出本铁路局集团公司管内各客流区段的日均（月计）到达客流量（客流密度），以作为全路客流汇总时的交换资料。

（2）管内客流图。

管内客流图是由一个铁路局集团公司各管内客流区段产生，而又在本局管内各客流区段消失的客流图解表示。管内客流图的编制方法与直通客流图不同，一般是先作管内客流斜线表（表3-3），后编管内客流图。管内客流斜线表是将每一发站发送的客流量按到站分别填入相应的表格内，标识出管内客流的流量和流向，其中斜线上方为下行客流量，斜线下方为上行客流量。

管内客流斜线表　　　　表3-3

到站 发站	距离	甲	乙	丙	丁	戊	下行	上行	总计
甲	170 260 230 190		1750	1350	1240	960	5300	—	5300
乙		1948		1900	950	375	3225	1948	5173
丙		1252	1950		1051	255	1306	3202	4508
丁		1200	915	985		1350	1350	3100	4450
戊		956	426	300	1300		—	2982	2982
下行		—	1750	3250	3241	2940			11181
上行		5356	3291	1285	1300	—			11232
总计		5356	5041	4535	4541	2940	11181	11232	22413

编制的管内客流图如图3-3所示。

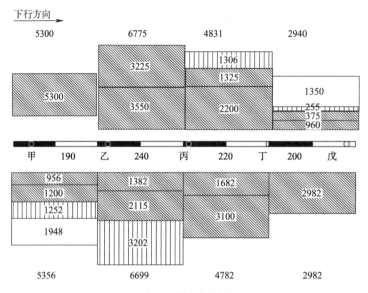

图 3-3 管内客流图

3. 国铁集团汇总直通客流图和编制客流计划

国铁集团组织各铁路局集团公司将所编制的直通客流图资料进行交换,并汇总在按局别的全路直通客流汇总图上。各铁路局集团公司根据交换的资料,计算出直通客流区段的客流密度,连同管内和市郊客流量一起,汇总在全国铁路区段客流密度图上;然后各局分析客流调查和统计资料,预计客观形势可能的发展,推算计划期间客流的增长率,从而编制全路客流计划。按干线、支线分客流区段汇总成直通客流计划表,编制计划客流密度与现行列车运行图规定的旅客列车能力比较表(表3-4),以提供编制列车运行图所需的资料。

计划客流密度与列车运行图规定的旅客列车能力比较表　　表3-4

年　月　日

线路区段	方向	年　月				年至　年计划				现行旅客列车能力				密度与能力比较			
		旅客密度	其中			旅客密度	其中			对数	总定员	其中直通客车		与月		与年	
			直通	管内	市郊		直通	管内	市郊			对数	定员	总计	直通	总计	直通
	上																
	下																
	上																
	下																

注:列车定员,按编组表中规定的定员计算。

 任务实施

1. 请各位同学根据客流数据编制管内客流图

甲站到己站之间共有 5 个客流区段,根据统计各站旅客发送情况如图 3-4 所示。请根据各站的客运量编制管内客流斜表并绘制甲站到己站的管内客流图。

甲站发送到达乙站　1680 人

丙站　1405 人
丁站　1240 人
戊站　960 人
己站　550 人
乙站发送到达甲站　1948 人
丙站　1900 人
丁站　950 人
戊站　400 人
己站　240 人
丙站发送到达甲站　1152 人
乙站　2010 人
丁站　1051 人
戊站　410 人
己站　1890 人
丁站发送到达甲站　1200 人
乙站　915 人
丙站　985 人
戊站　1350 人
己站　2200 人
戊站发送到达甲站　956 人
乙站　426 人
丙站　396 人
丁站　1250 人
己站　2500 人
己站发送到达甲站　600 人
乙站　220 人
丙站　1900 人
丁站　2250 人
戊站　2460 人

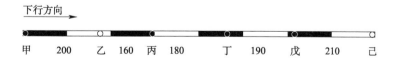

图 3-4　营业里程示意图

2. 客流斜线表和管内客流图编制过程参考

(1) 管内客流斜线表的编制方法。

表 3-5 为甲—己站的客流斜线表,其中斜线以上表示下行,斜线以下表示上行,将各个车站间的旅客发送量表示在斜线表中。

客流斜线表 表 3-5

发站\到站	距离	甲	乙	丙	丁	戊	己	下行	上行	总计
甲			1680	1405	1240	960	550	5835	—	5835
乙		1948		1900	950	400	240	3490	1948	5438
丙	200	1152	2010		1051	410	1890	3351	3162	6513
丁	160	1200	915	985		1350	2200	3550	3100	6650
戊	180	956	426	396	1250		2500	2500	3028	5528
己	190	600	220	1900	2250	2460		—	7430	7430
下行	210	—	1680	3305	3241	3120	7380	—	—	18726
上行		5856	3571	3281	3500	2460	—	—	—	18668
总计		5856	5251	6586	6741	5580	7380	18726	18668	37394

由表 3-5 可知,客流斜线表只能反映发、到站间的客流数量,并不能直观地反映站间各个区段上的客流多少,因此,需要在管内客流斜线表的基础上编制管内客流图。

(2)管内客流图的编制方法。

以下行方向上的甲—乙区段为例,该区段上的客流量包括甲—乙站的客流量 1680 人,甲—丙站的客流量 1405 人,甲—丁站的客流量 1240 人,甲—戊站的客流量 960 人和甲—己站的客流量 550 人,因此,甲—乙区段上总客流量为 5835 人;同理,可得其他区段的总客流量;最后,得到管内客流图如图 3-5 所示。

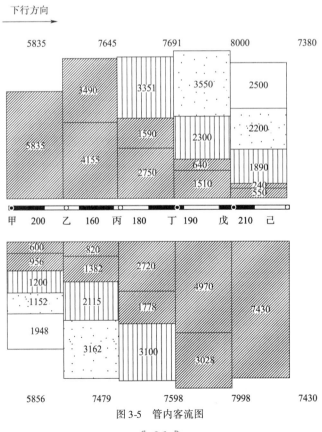

图 3-5 管内客流图

任务3.3 编制高速铁路旅客列车运营方案

 教学目标

◆ 知识目标
1. 掌握高速铁路旅客列车开行方案的编制方法。
2. 掌握高速铁路旅客列车运行方案的编制方法。

◆ 技能目标
1. 能够编制高速铁路旅客列车开行方案。
2. 能够编制高速铁路旅客列车运行方案。

 任务导入

作为辽宁中南部城市群和辽宁沿海经济带沟通交融的重要纽带,沈丹高铁有力推进了"沈本一体化"进程,使本溪、丹东融入沈阳"一小时经济圈",有效推动了沈阳经济区及辽宁沿海经济带的经济社会发展。沈丹高铁开通运营后,本溪、丹东步入高铁时代,沈阳至丹东的最短运行时间由原来的3h 34min 缩短至1h 11min,丹东至北京的最短运行时间由原来的14h 缩短至6h 15min,极大提升了沿线百姓的出行效率。

按照城际化、公交化的开行模式,沈阳至丹东间日均开行动车组列车36.5 对,最短运行间隔仅8min。中国铁路沈阳局集团有限公司还设计开行了丹东、本溪前往北京、上海、长春、哈尔滨、大连、吉林等主要城市的直达动车组列车,旅客不再需要中转换乘即可到达目的地。为进一步满足旅客的出行需求,沈阳局集团公司还在早晚通勤时间段开行"站站停"动车组列车,充分满足沿线百姓上下班通勤需要。沈丹高铁的开通,不仅方便了旅客出行,还释放了沈丹既有线的运输能力:沈丹线货运列车走行列数较5年前增长140%,有效提高了东北地区东部出海大通道集疏港——丹东港的铁路运输能力,辐射范围扩大至中国东北以及日本、韩国、俄罗斯远东等国家或地区。

请同学们思考:

合理的旅客列车开行方案是精准匹配运力投放与客流需求的重要体现,那么如何确定旅客列车的开行数量?如何确定旅客列车的停站方案呢?

 理论知识

高速铁路旅客列车运营方案是旅客运输工作中的主要组成部分。铁路是以列车的形式进行运输生产活动的,旅客列车的运营方案是铁路客运产品的载体,能够反映铁路旅客运输的经营策略和服务水平,也是铁路客运组织的前提条件。因此,为了满足旅客出行,铁路部门要在编制客流计划的基础上,综合考虑铁路设备设施条件,确定不同速度等级高速列车的开行数量、种类、运行区段、经停站及停站时间。只有正确地组织各种旅客列车的运行,才能安全、迅速、准确地将旅客运送至目的地,经济合理地运用铁路设备。

旅客列车运行组织计划的编制,需要在国铁集团和铁路局集团公司的统一领导下,在客运部门和其他各部门的密切配合、协调一致下才能完成这项细致、复杂的系统工程。

旅客列车的重量和速度,决定着旅客列车编组的大小和旅客列车的在途运行时间,直接影响到铁路的客运能力、服务质量和客运设备的使用效率。根据规定,我国高速动车组列车一般编成辆数为8辆或16辆,其中8辆一组的动车组可采用单组或重联两种方式运行。

一、高速铁路旅客列车开行方案编制

旅客列车的开行方案是指确定旅客列车运行区段(含停靠站)、列车种类及开行对数的计划。高速铁路旅客列车开行方案是编制高速铁路旅客列车运行图以及动车组运用计划的基础,是高速铁路旅客列车的运输生产计划,也是高速铁路客流的输送计划。

(一)旅客列车开行方案的影响因素

1. 客流量及结构

"按流开车"是确定旅客列车运行区段和行车量的基本原则,根据客流计划反映客流的结构、流量、流向和客流发生、消失、变化的站点,可以确定旅客列车开行的数量、发到站、运行径路等。在确定高速线开行方案时,还应考虑到本线客流和跨线客流的结构。如果跨线客流比例较高时,必须重视客流接续、换乘等问题,保证要有足够的换乘设备和合理的运输组织方案。

2. 列车径路

我国高速铁路的线路走向基本与既有铁路干线并行,组成铁路客运通道。一般而言,高速铁路较既有线路的建设标准高、车站设置数量少。既有线技术标准较低,车站设置数量较多。因此,列车运行径路的选择必须有利于高速线与既有线的合理分工,以提高包括高速铁路网在内的整个快速客运网的效率。

3. 车站、区间能力

由于动车组养护、维修、夜间驻留的需要,高速铁路旅客列车开行的起讫点不宜过多,必须考虑列车集中到发的大型枢纽站的能力。根据国外的运营经验,车站特别是衔接方向较多的车站其能力往往比较紧张。为了吸引客流,各车站都希望增加列车停站的频率,但列车停站方案的增多便会降低运输能力,不仅要求车站增加接发能力,还会影响到区间能力,特别是导致高峰时段区间通过能力紧张。

4. 铁路部门的成本及效益

吸引客流多的列车开行方案会给运营者带来高收入,但是单位时间内开行列车数量越多、等级越高,运营者的成本也越高。所以,从企业利益的角度出发,要根据客流情况对列车开行方案进行比选,最终确定经济合理的方案,确定两站之间单位时间内开行的列车数量和列车等级。

(二)高速铁路旅客列车开行方案的编制原则

确定高速铁路旅客列车开行方案的编制原则是以客流为依据,经济合理地利用铁路现有的客运设备,努力提高开行方案的经济效益和社会效益。根据客流特点,以高效有序地组织列车运行和提供方便、快捷、优质的服务为前提,并充分考虑动车组运用、客流组织和旅客需求等因素,最大限度地安排旅客出行和吸引客流。

旅客列车开行方案,不仅要考虑旅客的出行需求,满足安全、快捷、方便、舒适等原则;还要考虑铁路运输企业的效益,充分兼顾到社会、企业和旅客利益。除此之外,由于高速铁路设备先进,列车开行对数较多,列车开行模式更为丰富。高速铁路开行方案应注意以下原则。

1. 保证旅客旅行安全

高速铁路旅客列车速度快、密度高,停站时间短,对车站客流组织效率、安全要求高,尤其是中转换乘旅客流必须考虑到换乘与安全的匹配。保证旅客的换乘时间和上下车时间,防止旅客在上下车时拥挤引起旅客恐慌而造成旅客伤亡等事故。

2. 兼顾旅客直达与换乘

确定高速铁路旅客列车开行方案是以最大限度地节省旅客旅行时间、方便旅客出行和提高旅客服务质量为目标。开行直达旅客列车有利于方便始发终到旅客的出行,提高列车的旅行速度,减少旅客换乘,并有利于铁路吸引更多的直达客流。在高速铁路上,应合理确定直达旅客列车的开行数量,满足直达旅客的运输需求。

3. 适当增加行车密度

适度增加行车密度,即提高服务频率,这是增加旅客出行选择、减少旅客等待时间、方便旅客出行的一种有效办法,尤其是短途客流,短途客流数量大且在途时间短,若行车密度太小、候车时间长,会影响对客流的吸引。中、长途列车其客流量相对较小,且在途时间长,因此在确定旅客列车开行方案时,应根据能力情况对行车密度进行调整。旅客列车开行方案要综合考虑二者的关系,适度增加行车密度和服务频率。

4. 合理确定旅客列车编组

充分利用铁路运输能力提高效率,必须做到旅客列车编组合理。对于短途旅客列车,由于短途客流时段分布相对分散,且在途时间较短,因此应尽量采取小编组。对于中、长途旅客列车,由于行车密度相对较小,因此应适当增加列车编组,合理利用设备能力。同时,可根据客流波动规律,周期性调整单组或重联来适应运能,满足旅客的出行需求。

5. 合理确定停靠站

我国人口众多,分布广泛,因此理论上来讲,停站越多吸引的客流就越多。但是旅客列车不同于货物列车,停站过多会消耗铁路能力,降低列车的旅行速度,增加部分旅客尤其是中、长途旅客的在途旅行时间,会失去一部分客流。因此,对于中、长途旅客列车要优化停车方案,在同一线路上有两个及以上车次时,应适当交错停车,达到既满足旅客出行需求,又提高旅行速度的目的。

6. 提高企业的经营效益

在编制高速铁路开行方案时,应在满足旅客需求和体现铁路公益性的前提下,遵循经济效益原则,以最小的成本取得最大的效益。在实际应用中,有以下两个途径:

(1)合理确定列车上座率。合理确定列车席位利用率,有利于减少列车虚糜,列车虚糜少,铁路运输企业的成本就会相应降低。

(2)合理运用动车组。在满足客流需求的情况下,合理运用动车组,优化动车组的周转,从而达到节约高速铁路运输成本的目的。

(三)旅客列车开行方案的编制方法

高速铁路和既有线路共同承担旅客运输任务,但又发挥着不同的作用。在编制高速旅客铁路的旅客列车开行方案时,应以客流量和客流结构为基础,必须合理确定高速铁路和既有线路的客流运输比例,并且要考虑同一区段内的城际铁路等其他铁路,同时综合考虑相关设施设备等技术条件。由于高速铁路旅客列车数量巨大,列车之间的关系更加复杂,具体表现在列车停站方案的选择上。为了兼顾旅客舒适性、列车直通速度、服务频率、直达率和设备利用率等因素,需要充分研究列车的停站模式与停站方案。

高速铁路旅客列车的开行方案编制可分为确定高速铁路旅客列车运行区段(始发、终到站、运行区段和停靠站)、旅客列车开行种类和数量两个过程。

1.确定高速铁路旅客列车运行区段

高速铁路旅客列车运行区段的确定,先按照整个方向上各客流区段的最小客流密度区段安排开行直通旅客列车,目的是以直达运输最大限度地吸引直通客流。一般可以将一个铁路方向的两端站定为旅客列车的始发站和终到站,将客流密度变化幅度较大的车站定为旅客列车运行区段。管内旅客列车的运行区段由各铁路局集团公司根据管内客流区段密度的特点自行确定,方法和直通旅客列车运行区段的确定方法类似,并报送国铁集团批准和备案。

相对于普通旅客列车,在确定高速铁路旅客列车运行区段时,除客流外,还应该考虑客运设备的配备条件。高速铁路旅客列车列车起讫点应具有动车组维修和整备能力,以保证动车组的技术状态。

在确定旅客列车运行区段和停靠车站时,应考虑铁路能力、固定设备的利用以及国家在政治、经济、文化等方面的需要,最大限度地发挥高速铁路大动脉的作用,带动线路周边地区的快速发展,加强地区间的联系。由于列车停靠车站的设置会影响到旅客到发和中转需求,在确定高速铁路旅客列车的运行区段和运行径路后,必须对停靠车站进行合理的选择。

一般来讲,为了使列车服务更规律化,高速铁路旅客列车的停站大多有一定规律性,即按一定的停站模式设置停站方案。在具体编制高速铁路旅客列车开行方案时应考虑以下几点:

(1)客流按高等级列车到低等级列车的顺序进行分配。

(2)长流上长车,短流上短车。

(3)每个方向尽可能开行一列站站停列车。

(4)在编制之前要先确定列车起讫点。根据实际情况和线路的客流特点,选择设有动车段所,即有作为列车起讫点技术条件的车站为列车起讫点,确定列车开行区段及停站模式。

(5)设计停站模式时,可考虑直达、大站停、大站带小站停、站站停等模式组合。

(6)客流到发大的车站一般停站次数多,但也不能降低高速铁路旅客列车运行速度。

(7)选择停站模式时,列车停站次数一样的情况下,则结合车站到发客流量。

2.确定高速铁路旅客列车的种类和开行对数

在确定高速铁路旅客列车的运行区段后,根据各区段的客流量情况,计算旅客列车的行车量。

(1) 概算法

$$N = \frac{A}{\alpha_{均}}(列) \tag{3-14}$$

式中：N——旅客列车行车量；

A——两站间的日均计划客流量；

$\alpha_{均}$——列车平均定员人数。

(2) 公式计算法

由于高速铁路旅客列车种类、等级及运行距离不同，其所能吸引的客流量不同，列车的编组内容也不相同，各种列车的定员人数也不同。因此，在确定行车量时，应该对各种列车分别确定行车量，一般从高级列车到低级列车顺序计算。

$$N_i = \frac{K_i A}{\alpha_{i均}}(列) \tag{3-15}$$

式中：N_i——第 i 种列车行车量；

i——高速铁路旅客列车种类，如"G""C""D"字头列车；

K_i——第 i 种列车运送的旅客占总旅客数量的百分比；

$\alpha_{i均}$——第 i 种列车平均定员人数。

高速铁路上运行的旅客列车包括高速动车组列车和中速动车组列车两种类型。开行方案的编制一般分两步进行，首先编制"G"字头高速动车组列车，其次编制"D"字头中速动车组列车。

二、高速铁路旅客列车运行方案的编制

高速铁路旅客列车运行计划主要是指旅客列车运行图。列车运行图是铁路运输工作的综合计划和行车组织工作的基础，也是铁路运输企业实现列车安全、正点运行和经济有效地组织铁路运输工作的列车运行的生产计划，它规定了铁路线路、站场、机车车辆等设备的运用以及与行车各有关部门的工作。列车运行图把整个铁路网的运输生产活动联系成为一个统一的整体，严格要求每一个运输部门和环节按照一定的程序有条不紊地进行工作，保证列车按运行图运行。列车运行图既是铁路运输生产的一个综合计划，又是铁路运输企业向社会提供运输供应能力和承诺运输服务质量的一种有效形式。

(一) 高速铁路旅客列车运行图的编制过程

高速铁路旅客列车运行图是在国铁集团的直接领导下组织全路各铁路局集团公司进行统一编制的，整个编制过程分为以下几个步骤：

(1) 国铁集团根据铁路运输市场需求、铁路技术装备或运输组织方式发生的变化，下达新图编制通知，提出本次编图的原则、任务及要求。

(2) 各铁路局集团公司根据国铁集团的要求确定本局编图的任务和要求，提出新线工程及项目，组织列车进行牵引试验，组织对新线进行联调联试，查定列车技术作业标准，提出高速铁路本线、跨线列车开行方案建议，以及既有线跨线列车上高速铁路运行的方案建议。

(3) 召开全路编图准备会议，审定编图相关技术资料，确定跨局高速铁路旅客列车开行方案(列车开行对数和列车运行径路)，动车组运用交路计划等。

(4) 铺画全路跨局高速铁路旅客列车运行方案图。编制高速铁路旅客列车运行方案图

主要解决高速铁路旅客列车运行与动车组周转相协调的问题;解决跨局高速铁路旅客列车与管内高速铁路旅客列车相协调的问题;解决高速铁路旅客列车与其他运输工具在开行时间上的相互竞争与相互协作的问题;解决高速铁路旅客列车运行与客运站的技术作业过程和能力配合的问题;解决高速铁路旅客列车在始发站、终到站的到发时刻及通过主要城市的时刻与方便旅客出行的问题等。

(5)编制高速铁路旅客列车运行详图。在全路跨局高速铁路旅客列车运行方案编制的基础上,编制全路跨局高速铁路旅客列车运行图(含本线高速铁路旅客列车运行图)、各局管内高速铁路旅客列车运行图,勾画动车组车底运用交路。

(6)高速铁路旅客列车运行图编制完毕,国铁集团、各铁路局集团公司分别下发新图文件,整理各项列车指标,打印列车时刻表,绘制列车运行图,为新图的实施做好准备工作。

(二)高速铁路旅客列车运行图编制原则

(1)高速铁路旅客列车运行图的编制原则上纳入全路编图工作,全路定期性的列车运行图编制工作,由国铁集团负责;铁路局集团公司管内的列车运行图编制工作,由铁路局集团公司负责。

(2)严格遵守各项技术作业标准,保证高速铁路旅客列车运行安全。

(3)适应高速铁路客流特点,最大限度地满足旅客出行的需求,做好高速铁路旅客列车运行线与客流的结合。

(4)要做好高速铁路与既有线的衔接,最大限度地提高高速铁路及既有线的通过能力。

(5)高速铁路旅客列车运行与高速客运站的技术作业过程相结合,合理安排列车停站,以提高列车旅行速度。

(6)充分利用线路和车站的通过能力,合理安排高速铁路综合施工维修天窗。

(7)合理勾画动车组运用交路,最大限度地提高动车组的运用效率。

(8)均衡铺画的原则,处理好列车开行密度、列车种类、动车组交路等方面的关系,减少各种列车间的越行与避让,同时使列车运行图保持合理的弹性。

(三)规格化(周期化)旅客列车运行图

规格化列车运行图是指在运输能力合理负荷下,以一定时间间隔(单元时间)为单位,循环重复铺画的饱和列车运行图。所谓规格化,是指单元时间内的列车开行及停站方案基本相同。例如,以小时为单元时间,则列车运行图上每小时内的列车种类、数量以及停站地点、时间基本相同。随着世界高速铁路的发展,规格化列车运行图的优势越发凸显,极大地方便了旅客的出行,充分体现了高速铁路快捷、舒适、方便的特点,是欧洲国家、日本以及我国台湾地区高速铁路普遍采用的列车运行图模式。

规格化列车运行图列车开行密度大且相对固定。因此,规格化列车运行图下的旅程组合非常灵活,后续旅程又顺畅衔接,极大方便了旅客的出行。此外,规格化运行还可带动如票制、车站服务方式等相关工作的转变和完善,提高铁路运输企业在客运市场上的竞争力。总体来看,规格化旅客列车运行图具备以下优势:

(1)方便旅客记忆。

由于列车具备相对固定的到达、出发时间,停站时的站台位置也相对固定,因此旅客的乘车与换乘的规律性强，便于旅客记忆，旅客规划、把握合适的出行时刻非常便利。方便旅客出行是高速铁路旅客列车运行计划的编制目标之一。

(2)运输组织规律。

规格化列车运行图下，由于列车开行数量、运行速度、越行或待避车站等多个要素基本相同，因此列车的运行和管理在一定程度上被简化，运输组织具有较强的规律性，而在车站作业组织、客运服务工作、车辆运用、乘务计划的制定等方面存在规律性，有利于铁路运营企业的有序管理。

(3)线路能力利用率高。

规格化列车运行图下，列车采取周期化运行，列车开行密度大，因此线路能力利用率很高，高频次的列车运行大大缓解一些繁忙干线上的运输压力。

(4)运行图调整具备较大弹性。

全日高峰客流是规格化列车运行图铺画运行线的依据，因此其是一种运输能力合理负荷条件下的饱和列车运行图。高密度铺画的运行线能满足高峰时期的列车开行需求。在非高峰时期，多铺划的列车运行线可作为备用线使用，使得列车运行图调整具有较大的弹性。例如，晚点列车的运行调整就是规格化列车运行图在该优势上的典型体现。由于列车晚点的随机性较大，非规格化列车运行图的备用运行线设置的数量、种类、时间和停站方案等均难以确定。对于规格化饱和列车运行图，由于在各单元时间内列车的开行方案基本相同，晚点列车可在等待最大不超过一个单元时间的间隔内找到与原运行线相同的备用线，给运行调整提供了多种选择。

(5)有利于运输能力的计算与评价。

规格化列车运行图有利于高速铁路运输能力的计算与评价。非规格化列车运行图在运输能力的计算上存在多种不确定性；对于规格化列车运行图，由于列车运行图各区段的各单元时间内采用同样的行车模式和计算方法，为运输能力的计算提供了确定性前提，简化了计算。

(6)有利于与其他交通方式衔接。

规格化列车运行图具备规律性的列车到达、出发时刻，为高速铁路与其他交通方式的有效衔接提供了便利。各种交通方式的有效衔接，一方面能使旅客有效地把握出行时间，进而减少其在高速铁路客运站候车的时间；另一方面能使到达旅客及时疏散，减少其在客运站聚集与停留的时间。

规格化列车运行图的优点显著，但也存在一些缺点：

(1)固定停站方案导致相对单一化的客运产品。

规格化运行的列车停站方案相对固定，部分旅客的出行要求难以满足，并且可能额外增加停站。

(2)增加了部分旅客的换乘次数。

为实现规格化的运行线铺画，需要调整部分列车的起讫点。因此，开行频率较低的列车可能被取消，导致这部分旅客需要换乘。

综上所述，规格化列车运行图的优势明显，但其存在的缺点也不能被忽视。因此，相关部门应考虑客流的实际情况，选择合适的列车运行图模式与运行线铺画方法。

任务实施

1. 试确定高速铁路旅客列车开行方案

现某条线路上有 A—E 区段 5 座车站,已知其最大客流方向的站间高峰小时客流量见表 3-6,区段客流密度如图 3-6 所示。根据客流调查,A—E 区段偏好乘坐高速动车组旅客列车("G"字头列车)的旅客占总客流量的比例 K_G 为 80%,偏好乘坐普通动车组旅客列车("D"字头列车)的旅客占总客流量的比例 K_D 为 20%,列车平均定员 A_G、A_D 均为 1000 人。其中,A 站、C 站和 E 站设有动车段所。试确定旅客列车开行方案。

A—E 区段高峰小时客流表　　　　　表 3-6

发站\到站	A	B	C	D	E	合计
A	0	300	2270	1200	1450	5220
B	—	0	200	55	100	355
C	—	—	0	800	2400	3200
D	—	—	—	0	1900	1900
E	—	—	—	—	0	0
合计	0	300	2470	2055	5850	10675

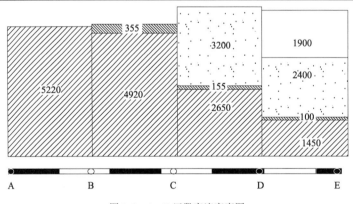

图 3-6　A—E 区段客流密度图

2. 旅客列车开行方案编制过程参考

C—E 区段的客流较为突出,可将 A—C、C—E 区段定为列车的开行区段,又可依据 A 站、C 站、D 站和 E 站客流较大。由于 B—D 区段的客流量很小,故"G"字头列车不提供 B—D 区段的直达服务。

为方便配流,根据编制原则,先计算需要由"G"字头列车承担的客流,利用原始表中的数据乘以 K_G,并剔除 B—D 区段的客流,结果见表 3-7。

A—E 区段由高速动车组列车承担的客流量(人/h)　　　　　表 3-7

发站\到站	A	B	C	D	E	合计
A	0	240	1816	960	1160	4176

续上表

发站＼到站	A	B	C	D	E	合计
B	—	—	160	0	80	284
C	—	—	—	640	1920	2560
D	—	—	—	—	1520	1520
E	—	—	—	—	—	0
合计	0	240	1976	1644	4680	8540

下面对开行方案的编制过程进行说明。

(1)根据编制原则,首先开行直达模式的 G1 列车。G1 列车仅能承担 A—E 区段各站之间的直达客流,有 1160 人,见表 3-8。

G1 列车承担的客流量(人/h)　　　　　　　　　　　　　表 3-8

客流区段	A—E	客流量	1160

A—E 区段站间 $N_{G1} = 1160/1000 \approx 1.16 \approx 1$ 列

(2)考虑开行大站停模式的 G2 列车。G2 列车仅能承担 A 站、C 站和 E 站之间的客流,从表 3-8 中剔除 G1 列车承担的客流后,这三个车站之间的客流密度最小区段为 A—C,有 1816 + 160 = 1976 人。

A—E 区段站间 $N_{G2} = 1976/1000 \approx 1.98 \approx 2$ 列

G2 列车可以承担的客流量见表 3-9。

G2 列车承担的客流量(人/h)　　　　　　　　　　　　　表 3-9

客流区段	A—E	C—E	A—C
客流量	160	1840	1816

(3)考虑开行大站停模式的 G3 列车,从表 3-8 中剔除 G1、G2 列车承担的客流后,A 站、C 站、D 站、E 站之间客流密度最小的区段为 A—C,有 960 人。

A—E 区段站间 $N_{G3} = 960/1000 = 0.96 \approx 1$ 列

G3 列车可以承担的客流量见表 3-10。

G3 列车承担的客流量(人/h)　　　　　　　　　　　　　表 3-10

客流区段	A—D	C—E	D—E
客流量	960	40	960

(4)剔除 G1、G2、G3 列车承担的客流后,C—D 和 D—E 区段客流密度分别为 680 人和 600 人,整理剩余客流,A—E 区段客流密度见表 3-11,考虑开行站站停模式的"D"字头列车。

A—E 区段客流密度表(人/h)　　　　　　　　　　　　　表 3-11

客流区段	A—B	B—C	C—D	D—E
客流量	1534	1549	2095	2100

由表 3-12 可知,A—E 区段客流密度最小为 1534 人,最大为 2100 人,考虑经济效益和旅客需求,A—E 区段站间开行两列 D1 列车。

A—E 区段站间 ND1 = 2100/1000 = 2.1 ≈ 2 列

至此,A—E 区段所有客流分配完备,得到最终的列车开行方案示意图如图 3-7 所示,A—E 区段客流密度表及列车输送能力情况表见表 3-12,A—E 区段各区车上座席情况见表 3-13。

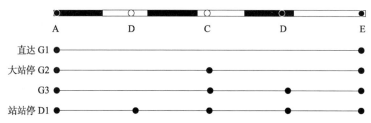

图 3-7 A—E 区段旅客列车开行方案示意图

A—E 区段客流密度表及列车输送能力情况表　　　　表 3-12

客流区段	A—B	B—C	C—D	D—E
客流密度(人)	5250	5275	6005	5850
输送能力(人)	6000	6000	6000	6000
平均上座率(%)	87.5	87.9	100	97.5

A—E 区段各列车上座率情况(%)　　　　表 3-13

列　车	服务频率	客流区段				平　均　值
		A—B	B—C	C—D	D—E	
G1	1	100	100	100	100	100
G2	2	98.8	98.8	100	100	99.4
G3	1	96.0	100	100	100	99.0
D1	2	76.7	77.5	104.8	105.0	91.0

任务 3.4　制订票额分配计划

 教学目标

◆ 知识目标

1. 掌握票额分配的根据和分配原则。
2. 掌握票额分配的方法和组织策略。

◆ 技能目标

1. 能够理解票额分配的过程。
2. 能够熟练地运用调整票额分配的售票组织策略。

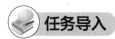 **任务导入**

春运车票一票难求的现象仍未缓解,特别是热门方向的车票尤为紧张。锦州市民张先生的儿子正赶上春运返程高峰时开学,为了能买到车票,预售当天16:30,张先生准时守候在电脑旁准备抢车票,结果不出所料,本来锦州站的票额就少得可怜,刚一开售就被抢购一空。后来几天,张先生无论怎样刷屏都没有等到票额,没办法,他只好多花了300元钱,买了一张沈阳出发到南京的车票。通过此次抢购春运车票,张先生发现一个怪现象,像大连、沈阳、哈尔滨、北京等大城市车站的票额很充足,而锦州站作为中途车站票额却非常少。比如,他买的南京方向同一车次的车票,沈阳到锦州的票额很充足,而锦州到南京的车票一张都没有。于是,张先生做了个试验,先在网上买了一张沈阳到锦州的车票,按道理说,应该相应生成一张锦州到南京的车票,但多次刷新,锦州站仍未有票额。

请同学们思考:

你有没有遇到过类似的问题呢,如何解释这种现象?

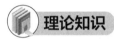 **理论知识**

一、票额分配概念

票额分配计划是旅客运输能力的运用计划,是旅客运输计划的重要组成部分,其实质是保障运能与客流的合理匹配。在客运输送能力相对短缺的情况下,票额分配计划的制订与实施有利于运输能力资源的公平分配、组织均衡运输,缓和供求矛盾。在客运输送能力供需平衡或相对富裕的情况下,票额分配计划应该有一定的执行弹性。只有合理地分配票额,才能全面安排售票、行包运输、服务和列车的乘务、餐茶供应等工作,实现科学、有序地组织旅客运输,提高旅客列车票额的使用效率。

票额分配是在编制新列车运行图后或客票销售过程中,根据旅客列车输送能力(分车次、分席别、分区段的席位能力)和历史客流统计资料与售票实际情况,按局别,分车次、分席别、分区段的各次列车的席位能力针对车票各项要素制订的计划。它具体包括车票的乘车站、终到站和运行区段等。

票额分配在每次新列车运行图实行前编制一次,根据客流变化每年定期进行调整。直通旅客列车票额分配方案由列车担当铁路局集团公司根据客流和列车停站情况与始发局和相关局协商确定,并上报国铁集团核备;管内旅客列车票额分配计划由铁路局集团公司组织编制,并分别以国铁集团、铁路局集团公司文件公布实施。

二、票额分配的依据和原则

(一)票额分配的依据

(1)指定月份的管内、直通客流图及主要站间旅客交流表等资料。

(2)列车的旅客密度表、分席别的实际人数、各次列车超员和虚靡情况。

(3)主要客运站分车次、分席别的票额与发售情况对比,分区段的上车人数和分车次的下车人数。

(4)历年票额分配计划及其兑现情况统计分析报告。

(5)根据近期客票销售实时情况统计整理的客运相关实时统计数据,包括分时期、分方向、分车站、分车次、分票种、分席别的旅客列车发送量统计数据,分方向、分车站、分车次、分席别、分长/短途的售出票额、剩余票额、售票趋势等客票预售统计数据,旅客列车密度表。

(二)票额分配的原则

从合理运用铁路客运输送能力、提高铁路运输质量、效率和效益的角度出发,票额分配应树立全局观念,正确处理全局和局部的关系,遵循"充分利用运能、长短途合理分工、保证重点、统筹安排"的原则。

因动车组列车停站次数少或无停站,在票额分配时应最大限度地满足始发站的票额需求,并只在办理客运业务的停靠站预留少量票额,中途停车站可以利用客票系统的共用、复用、智能预分系统等功能组织售票,可提前共用发售的时间,票额数量由铁路局集团公司根据列车总体售票情况确定和调整。

三、动车组列车定员

(1)运行速度300km/h及以上的高速动车组不超员。

(2)运行速度200~250km/h动车组列车商务座、特等座、一等座不超员,其他二等座超员不大于15%。

(3)预留残疾人专用票额。

动车组列车预留二等座2张(遇一等座有残疾人专用席时,先预留残疾人专用席位,后补充二等座),自残疾人专用席位开始预留,遇有特殊情况时顺延。

四、票额分配的管理规定

票额分配管理是铁路客运日常管理工作的重要内容之一,它不仅关系到铁路旅客运输资源的充分利用、客运收益的提高,还影响着铁路满足社会需求、发挥社会效益的能力。

(一)票额分配的基本计划

票额分配基本计划规定了票额的归属车站。票额分配基本计划是在列车开行方案和列车运行图编制时(列车对数、停站时刻、列车编组内容确定后),对历史统计客流数据对沿途车站的上车人数(票额需求数量)进行预测,进而得到具体运行区段内各类旅客列车的开行对数、停站时刻及编组内容等。以此为依据即可计算列车定员、列车停站方案、票额用途规定等,将列车票额分席别按需求比例分配给各对应的经由停站,由此获得的票额分配基本计划。

票额分配基本计划随列车运行图的调整而调整,其他时间一般不做变动。因此,票额分配基本计划是某趟车次长期有效的票额分配计划,实现对席位库的长期管理。当票额分配计划在一段时间内需要进行调整时,可以编制在这段时间内的票额分配临时计划。临时计划是在突发情况(如列车编组临时更改、列车交路短暂变更等)下根据上述资料数据临时编制并短暂使用的票额分配计划,有起始和截止时间限制,只在该时间段内有效,是某趟列车短时间内的票额分配计划。

动车组列车票额全部由列车始发局集中管理,进行票额公用和席位自动预分。

(二) 票额预分

由于票额分配基本计划在一定时期内相对固定,难以应对因客票需求波动造成的供需匹配问题,因此在客票销售的过程中引入票额预分,可以解决客流波动幅度较大情况下的票额分配销售的问题。

票额预分是指在旅客列车票额总量一定的情况下,首先根据客流历史数据、近期客流变化及实时客票预售情况,对每趟列车客流进行短期预测,并将客流预测的结果用于对列车席位进行区段性分解,再次产生各车站的票额方案以及相应的限售方案和短途套用方案,从而形成票额分配的执行计划。票额预分是在进入客票预售期前(或预售期中)采用的一种票额再分配方式,它是对票额分配基本计划的补充。

票额预分的规则如下:

(1) 动车组列车公用席位全程共用时间不晚于始发站开车前30min。

(2) 客票营销系统首先在分析全路直通车客流状态的基础上,将一年分为9个时期,分别为春运、暑运、十一、元旦、清明、五一、端午、中秋、普通时期(区分日常和周末)。

(3) 预分方案按照"保证始发、兼顾沿途"的原则对列车的各个席别票额进行预分。

(4) 开行时间不足两个月、列车运行图发生较大变化的列车不自动产生预分方案,待开行满两个月后开始预分。

(5) 预分席位时只自动分配公用用途所有范围的票额,对于车站已有的参与运能统计并且不参与预分的其他用途的有效票额算作本站固有票额,在进行预分时会从预分能力中减去该部分票额。

票额预分将旅客列车票额的静态分配变成了适应动态客流需求的动态分配,它的实施有助于推进票额管理的自动化和智能化。一方面,它能提高列车的票额利用率,实现效益最大化;另一方面,它满足了沿途各车站的需求,达到吸引客流的效果。

(三) 票额分配调整计划

在车票的预售期内,首先以票额分配的执行计划组织售票,为进一步提高旅客列车上座率,实现票额有效利用和全路效益最大化,铁路局集团公司对票额进行实时监控,并根据当前客票的发售情况对票额分配计划进行调整,使票额分配更好地适应客流市场的变化。

票额分配调整是指在客票预售期内执行,根据当前的客票销售情况和客流变化趋势,提前进行的短期票额分配调整,以适应市场需求,提高席位的使用效率和铁路客运收益。票额分配调整手段有的是人工手动操作,有的是系统自动完成。这种与实际客票销售更加贴切的票额分配计划称为票额分配调整计划。

五、铁路售票组织策略

铁路售票组织策略主要通过售票行为的组织,将列车席位在合适的时间发售给合适的旅客,它是票额分配调整的主要手段。一般在车票预售期的不同时间段内,组合使用包括短途套用、限售区段调整、票额共用、席位复用等售票组织手段,从而提高上座率,充分释放铁路运能,提高铁路企业客运收益。

(一) 短途套用

在票额分配的执行计划中，对于分配给非始发站的票额，可以等量增加始发站至票额分配站的短途票额。通过短途套用可以提高始发站上座率，提高区段的运输能力。

(二) 限售区段调整

当铁路运输能力比较紧张时，为避免短途运输占用长途运能，铁路通常会限定一部分票额发售途中至某一停站及其以远的车站。该站称为限售站，限售站至终点站的区段称为限售区段。只有当旅客购买了该列车限售站以远的到站时，车票才能发售。

限售区段的设置通过控制票额发售的区间，来确保"长途车运送长途流、短途车运送短途流"，从而避免长票短卖、长途需求无法满足的现象。此外，限售区段的设置也可协调列车在不同区段及同方向列车间的客流分配，从而提高票额利用率和方便旅客运输组织。同时，铁路部门会根据售票情况与客流情况，在合理的时间内对限售区段做相应的调整甚至取消。取消限售区段后，即可发售限售站以近的客票。

例如，D101次（北京—哈尔滨）列车，票额大部分分配给北京站，同时设置沈阳北站为限售站，那么旅客只能购买北京到沈阳北或以远的车站的车票时，铁路系统才能发售车票。若旅客想购买北京至锦州南的车票，铁路系统则不能售出车票。当至开车前设定的天数（如开车当天），铁路将会取消限售限制，若此时D101次列车还有剩余票额，旅客即可购买北京至锦州南的车票。

(三) 席位复用

席位复用是指在客票系统席位售出后，若席位没有充分利用，可以再次生成售到站至原限售站的新席位，使列车能力得到再次利用，可分为一次复用和全程复用。

席位复用是铁路现阶段挖潜提效非常有效的措施之一，若能够充分利用，可提高终端上座率，是铁路提高收益管理的重要措施。

(四) 票额共用

票额共用是指分配给某个车站的票额允许被列车运行径路上前方的若干车站使用。它是针对某一列车在其始发站和中途站间的票额共享发售机制。根据共用的范围，票额共用可以分为全程共用、管内共用；根据共用时间，票额共用可以分为开车前共用和开车后共用。

票额共用在一定程度上解除了某个车站的票额限制，可以调节各站间供需差异，对减少列车虚靡、提高铁路运输能力、满足旅客需求具有重要的意义。

六、票额分配的方法

票额分配的方法具体如下：

(1) 直通动车组列车在满足始发站需求的前提下，可为中途站分配一定数量的有席票额，分配数量不超过票额总数的25%。管内列车由各铁路局集团公司自定。

(2) 直通动车组列车票额集中存放始发局，按照能力利用最大化原则，始发局设专人负责票额日常管理和调整，中途局及时向始发局提供客流信息，做好售票组织工作，保证列车全程上座率。

(3)当直通动车组列车能力有剩余时,始发局应及时将票额向有客流需求的中途局(站)调整。当始发局能力不足时,需将中途局票额调回始发局时报国铁集团批准。

(4)动车组列车实行全程席位复用,时间为售出后即时复用。同时,动车组列车实行票额共用,其共用时间由始发局根据客流情况确定,报国铁集团批准,管内动车组列车票额共用时间由铁路局集团公司自定,报国铁集团备案。

(5)个别开通了金融IC卡、中铁银通卡业务的列车,如京津城际、广深城际等线路开行的列车,指定固定的席位或规定的数量预留给持卡旅客刷卡进站乘车使用。

拓展阅读

中铁银通卡是由中铁银通支付有限公司发行的双介质预付卡,可在指定线路上直接刷卡检票乘车,也可以作为普通银行卡用于购票付款。根据铁路应用中铁银通卡分为金卡和银卡。持卡人可在铁路管理部门指定的区段内通过铁路各车站自动检票机(闸机)直接刷卡乘车,持中铁银通金卡刷卡乘车限乘坐一等座席位,并按一等座票价扣款;持中铁银通银卡刷卡乘车限乘坐二等座席位,并按二等座票价扣款。

自2014年4月1日起,中铁银通卡持卡旅客可在乘车站"中铁银通卡取号机"读卡,获取带有列车开行日期、车次、席位和卡号等信息的凭条,持卡旅客按照凭条信息乘车,对号入座。

中铁银通卡取号机的规则如下:

(1)取号机确认中铁银通卡状态正常,卡内满足所选车次最远单程票价后,才能获取凭条。

(2)持卡旅客取号可选择的车次信息为乘车站当日距离取号时间最近的20趟列车,若从此刻开始到当天结束的列车数不足20趟,按实际车次数量为准。

(3)没有取号记录的银通卡不能通过检票闸机乘车。

(4)持卡旅客取号并有乘车记录后方可继续取号。

(5)持卡旅客取号后没有乘车记录,再次取号须在取号机上自助取消席位后才能再次取号。办理取消席位的时间不得晚于所选列车开车后30min。

(6)持卡旅客每日自助取消席位仅能办理一次,超过一次或办理取消时间超过所选列车开车后30min,银通卡被锁,需要到取号机提示的车站窗口办理。

(7)车站窗口办理银通卡取消席位业务,发现该银通卡一天内有3次取消席位记录时不予办理。

(8)取号凭条非乘车凭证,须与凭条记载卡号一致的银通卡共同使用有效。不能出示银通卡,或与凭条记载卡号不一致时应视为无票。

(9)列车上发现同一席位有两个及以上凭条记载银通卡号和持卡旅客银通卡号一致时,打印时间在后为有效凭条。

复习思考题

1. 旅客运输计划的分类有哪些?

2. 旅客运输计划包括哪些内容?
3. 高速铁路旅客列车有哪些种类?
4. 什么是高速铁路旅客运输需求?
5. 高速铁路旅客运输需求有哪些特征?
6. 高速铁路旅客运输需求和客运量之间有什么关系?
7. 客流调查直接吸引范围如何划定?
8. 常用的客流调查方法有哪些?
9. 常用的客运量预测的方法有哪些?
10. 编制旅客运输计划时有哪些依据?
11. 简述客流计划编制过程。
12. 如何编制管内客流斜线表和管内客流图?
13. 什么是票额分配?
14. 票额分配的依据有哪些?
15. 进行票额分配的原则是什么?
16. 动车组列车定员如何计算?
17. 旅客列车开行方案是什么?
18. 编制旅客列车开行方案时有哪些影响因素?
19. 编制高速铁路旅客列车开行方案根据哪些原则?
20. 如何确定高速铁路旅客列车的种类和开行对数?
21. 简述高速铁路旅客列车运行图的编制过程。
22. 简述高速铁路旅客列车运行图的编制原则。
23. 简述规格化旅客列车运行图的优缺点。

项目 4　高速铁路运输安全及应急处理

项目描述

铁路运输安全"责任重于泰山",随着高速铁路的快速发展,旅客运输安全也成为旅客出行首要考虑问题。本项目主要介绍高速铁路旅客运输中特殊情况的处理流程以及紧急情况的应急预案和处置措施。

任务 4.1　编制客运记录和铁路电报

教学目标

◇ 知识目标

1. 掌握客运记录的编制方法。
2. 掌握铁路电报的编制方法。

◇ 技能目标

1. 会正确编制客运记录。
2. 会拍发铁路电报。

任务导入

2021年2月15日,在朔州开往秦皇岛的2604次列车上,天津站开车后,列车工作人员在6号车厢发现旅客遗失的一个黑色腰包,内装身份证一张、手机一部、现金1000元,列车长郝某及时与失主联系,编制客运记录并将腰包交于塘沽站。

2月16日C6451次列车终到重庆北站,重庆客运段列车工作人员巡视车厢时在1车6F行李架上方拾到黑色双肩包一个,内有钱夹一个,现金2830元,港澳通行证、护照、身份证等证件,以及银行卡数张。列车长编制客运记录并与重庆北站工作人员办理好交接。

5月11日,K175次列车刚从兰州站开车,13车乘务员找到列车长刘某说,有一位女旅客想到临河站下车,持的却是临泽站的车票。原来这名旅客生平第一次坐火车。原本打算去临河打工,可能是吐字不清,在买票时把终点站买成了临泽。列车工作人员一边安慰旅客,一边帮她查询最便捷的中转方式。经查询得知,临河在包头方向,从嘉峪关始发的 K44 次车 16:49 到达武威站,恰好也途经临河站,而 K175 次到武威站是 16:00,刚好能够赶上。刘某编写好客运记录,又让餐车师傅为这名旅客打来热腾腾的盒饭。车到武威站,刘某和车站客运值班员办理交接,顺利把旅客送到 K44 次列车上。

为做好旅客运输组织工作,满足旅客出行需求,提升旅客出行体验,铁路车站和列车共同合作方便旅客出行,在这个过程中铁路的客运记录发挥着重要的作用。

请同学们思考:
什么是客运记录?它有什么作用?铁路部门之间沟通还有哪些其他的工具呢?

理论知识

一、客运记录

客运记录是指在旅客或行李、包裹运输过程中因特殊原因,承运人与旅客、托运人、收货人之间需记载某种事项或车站与列车之间办理业务交接的文字凭证。客运记录的编制方法相关教学资源见二维码11。

客运记录包括电子客运记录及纸质客运记录两种形式。

(一)客运记录的用途

(1)站车办理交接的依据。

(2)有关事项纪实的材料。

(3)旅客意外伤害到合同医院就医的证明。

(4)旅客至到站退款的凭证。

(5)其他情况需要说明时的根据。

客运记录为站车之间办理交接事项时使用,不能作为乘车凭证,也不能代替车票乘车,更不能作为赔偿依据。

(二)客运记录的填写规定

(1)据实填写,事项齐全。编写的客运记录应本着"实事求是"的原则,做到内容准确、具体详细、齐全、完整,如实反映情况,不得虚构、假想、臆测。例如,涉及的数据、名称、单位、姓名、性别、年龄、证件号码、发到站、座别、时间、伤势状态、程度等信息应尽量准确;涉及退票款内容应记录原票种类、发到站、票号、座别、后补票号及应退票价(票号字头应抄全);涉及移交车票时应记录票种、票号;涉及移交物品时,应记录名称、数量、款额、证件名称;记录内容应明确写出××站或××站公安派出所。

(2)语言简练,书写清楚。简要写明编制客运记录的理由,记录语言要简明扼要、词句精炼,条理清楚、述事完整,目的明确。字迹要清楚,不潦草,不写自造简化字。

(3)客运记录应有顺序编号,加盖编制人名章。客运记录一式两份,一份交接收人,另一份由接收人签字后自己留存,移交人员附带材料、人民币、证件、档案材料时,一定要在记录上注明。对留存的客运记录应装订成册,妥善保管,以备存查,保管期限为一年。

(三)电子客运记录规定

随着客运信息系统建设不断完善,铁路电子化办公不断发展,为充分发挥客运信息系统优势,本着"以站保车"的原则,对部分客运记录实施电子化,不断提升非正常情况下列车的服务质量。自2016年12月20日起,站车客运信息无线交互系统程序已经升级的,对规定实施客运记录电子化的情形,列车不再开具纸质客运记录。具体要求如下:

(1)因列车晚点,影响旅客接续行程时,列车不再开具"移交无法中转换乘旅客"的客运记录,同时也不需要电子客运记录。由车站通过客票系统查询列车晚点运行信息后,为旅客办理相关改签、退票手续。

(2)列车遇旅客持"挂失补车票"乘车时,在旅客到站前,查验旅客席位情况后,使用站车客运信息无线交互系统终端"客运记录"功能的"挂失补"模块,选择席位使用情况,向客票系统发送席位使用情况的确认信息,但旅客在列车上办理"挂失补"的,列车长仍需开具纸质客运记录,一份交旅客,一份随车报告上交。

(3)因临时更换车体、空调故障等原因旅客需到站退还票价差额或空调费时,列车使用站车客运信息无线交互系统终端"客运记录"功能的"席位调整"或"空调故障"模块,选择车厢号、故障区间、席位进行空调故障登记,向客票系统发送确认退差信息。

(4)列车遇站车客运信息无线交互系统无信号、手持终端故障、登记失败时,应编制纸质客运记录,作为旅客到站办理退票的凭证。

(四)旅客列车编制客运记录的范围

1.编制客运记录直接交给旅客自行办理的范围

(1)旅客办理挂失补办手续,席位使用正常,到站退还挂失补车票票款时。

(2)车站发售卧铺重号,列车无能力安排时。

(3)因车辆故障更换车底、线路中断等,应退还旅客票价或票价差额时。

(4)因空调故障,应退还旅客票款或票价差额时。

(5)发现误售、误购车票,需由正当到站退还旅客票价差额时。

(6)旅客丢失非实名制车票,重新补票后,又找到原票,需由到站出站前退还后补票票价时。

(7)旅客持电子票乘车,列车未查到旅客购票信息,重新补票时。

2.编制客运记录交车站值班人员,需车站值班人员签认,由车站协助办理的范围

(1)旅客误售、误购车票、误乘列车或坐过了站,交前方停车站免费送回时。

(2)对无票乘车、违章乘车、拒绝按章补票的人员,责令其下车,移交县市所在地车站或三等以上车站处理(旅客的到站近于上述移交站时,应交其到站处理)时。

(3)旅客携带品超重、超大或携带妨碍公共卫生的物品、动物以及能够损坏或污染车辆的物品,无钱或拒绝补交运费,移交车站处理时。

(4)发现旅客携带国家禁止或限制运输的物品、危险品,移交最近前方停车站或有关车站处理时。

(5)旅客在列车上发生急病或因病死亡,移交县、市所在地或三等及以上车站处

理时。

(6)因旅客伤害(包括区间坠车),导致旅客伤亡移交有关车站处理时。

(7)旅客纠纷发生伤害,将责任双方移交有关车站处理时。

(8)列车发现无人护送的精神病患者,移交到站或中转站处理时。

(9)发现违章使用各种乘车证,移交车站或转交有关部门处理时。

(10)发现车站多收票款或运费,转交车站退款时。

(11)动车组列车高铁快件短少、破损的,交中铁快运作业人员处理时。

(12)其他与车站办理的交接事项。

二、铁路电报

铁路电报是铁路部门之间处理铁路紧急公务的通信工具,也是铁路办理紧急事务所使用的一种公文表现形式。

(一)铁路电报的等级

铁路电报的等级按电报的性质和急缓程度分为以下7种:

(1)特提电报(TT)。特提电报指非常紧急的命令、指示,处理重大突发事件等性质的电报。受理后即行办理,从受理到送达用户原则上不超过2h。

(2)特急电报(TJ)。特急电报指非常紧急的命令、指示,处理较大突发事件等性质的电报。从受理到送达用户原则上不超过4h。

(3)加急电报(JJ)。加急电报指国铁集团、铁路局集团公司、铁路局集团公司所属公司的紧急命令、指示,时间紧迫的会议通知、列车改点、变更到站和收货人、车辆甩挂、超限货物运行及行车设备施工、停用、开通、限速的电报及其他时间紧迫的电报。从受理到送达用户原则上不超过8h。

(4)平急电报(PJ)。平急电报指一般性命令、指示、会议通知等性质的电报。从受理到送达用户原则上不超过24h。

(5)限时电报(X)。限时电报指限定时间到达的电报。根据需要与可能,由用户与电报所商定,在附注栏内填记送交收报单位的时间,如限时10:30,应写"XS10:30"。

(6)列车电报(L)。列车电报指处理列车业务,必须在列车到达以前或在列车到达当时送交用户的电报。

(7)国际联运电报(G 或 C)。国际联运电报指处理国际铁路联运业务的电报,办理时限同特急电报。中朝报代码为C,其他代码为G。从受理到出口原则上不超过4h。

(二)使用铁路电报注意事项

(1)拍发电报必须使用铁路电报纸,要注明发报地点、日期并加盖规定名章。

(2)编拟电报稿应使用规定的文字、符号、记号,编拟时电文通顺,文字力求简练,层次、顺序清楚,目的明确。标点符号完整,字体清晰、工整、不潦草、不造字、无错别字,并在原稿上填写拟稿人姓名和电话号码。

(3)电报稿左上角应有主送单位、抄送单位,右下角有发报单位本部门电报编号、日期,并应加盖公章、名章或签字。

(4)电报稿的主送单位、抄送单位应正确。

主送单位是指具体受理、承办本事件的单位,无论单位大小,都要列入主送单位。列车长必须清楚担当沿线铁路局集团公司、车站及车务段的管辖区段。

抄送单位是指需要其督办、协办或需要其仲裁、备案的单位,一般都是主送单位和发报人(单位)的上级机关或主管业务部门。其顺序按上、下级或与该事件关系主次依次排列,发报人隶属单位排在最后。一般情况下,抄送外局机关或有关业务主管部门,也应同时抄报本局的同级机关和相应的业务主管部门。

(5)当出现突发情况时,由于时间紧张、情况复杂、条件限制等,一时无法做到完全准确,应在电文中声明"详情正在调查,特此报告"字样。

(三)列车电报拍发范围及电报的交接

1. 拍发范围

(1)列车超员,通知有关部门和前方停车站采取控制客流措施时。

(2)列车运行中因发生意外伤害,招致旅客重伤或死亡,应立即向有关铁路局集团公司、车务段(中心站)拍发事故速报时。

(3)遇有特殊情况,列车途中发生餐料不足,通知前方客运段补充餐料时。

(4)列车内发生运输收入现金或客票票据丢失、被盗和短少等事故,向铁路局集团公司收入部门和公安部门报案,通知有关单位协助查扣时。

(5)列车发生爆炸、火灾等突发事件或遇其他紧急情况,须迅速报告上级部门处理时。

(6)列车上发生旅客食物中毒,向所属铁路局集团公司或前方铁路疾控所报告时。

(7)列车在中途站因车辆发生故障甩车或空调车发生故障不能修复,通知前方各停车站并汇报有关上级部门时。

(8)其他紧急情况时。

2. 电报的接收

(1)列车电报一般交有电报所的车站拍发。

(2)特殊情况可委托无电报所的车站代转。

(3)电报编制一式两份,一份交站,另一份签收留存。

(4)电报发出后应设法索取电报号码。

任务实施

1. 客运记录编制

2017年8月19日,上海虹桥至成都东的D2206次旅客列车荆州站开车后,3号车厢乘务员在整理行李架时在3F座位上发现一棕色手提包且无人认领,内有合同文件5份。问:列车如何处理?

处理依据:根据《铁路旅客运输规程》规定,对旅客的遗失物品应设法归还原主。如果旅客已经下车,应编制客运记录,注明品名、件数等移交下车站。若不能判明时,移交列车终点站。

编制客运记录如图 4-1 所示。

中国铁路成都局集团有限公司　客统—1

客 运 记 录

第 77 号

记录事由:移交旅客遗失物品

成都东站:

　　2019 年 8 月 19 日,D2206 次列车荆州站开车后,3 号车厢列车员在整理行李架时在 3F 座位上发现一棕色手提包且无人认领(内有合同文件 5 份),无法判明到站。现移交贵站,请按章办理。

注:
1. 站、车需要编制记录时适用。
2. 本记录不能作为乘车凭证。

成都客运　站　编制人员××(印)
　　　　　段
　　　　　站　签收人员(印)
　　　　　段

2020 年 8 月 19 日编制

图 4-1　客运记录填写式样

2. 铁路电报编制

2019 年 8 月 19 日 15:15,北京客运段值乘的北京西开往成都东的 G89 次列车石家庄站到站前,列车运行左侧遭车外石块打击,3 号车厢 3F 座位的一名老年女旅客被石块击中太阳穴,伤势严重,经抢救无效死亡。该旅客上衣内装有钱夹一个,内有北京西—石家庄二等座车票一张(票号:A123456)、身份证一张和人民币 1000 元。此人是北京某单位职工(56 岁),随身携带手提包一个,内装衣服 2 件和水果等食品。列车长会同乘警检查后,将尸体和死者遗物移交石家庄站处理,请拍发事故速报。

拍发铁路电报式样如图 4-2 所示。

项目4 高速铁路运输安全及应急处理

中国铁路北京局集团有限公司							

铁 路 电 报

第 77 号

发报所 fbj	电报号码 xo	组数 zs	等级 dj	日期 rq	时分 sf	附注 fz

主送：北京西—石家庄站间各站站长，公安派出所

抄送：北京铁路局集团公司客运处、公安处、北京客运段、车辆段、乘警队

2019年8月19日，G89次旅客列车运行至北京—石家庄230km+430m处，列车运行左侧3号车厢3F座位处窗户遭7cm大石块击打，将该座位旅客××，女，56岁，北京××单位职工，持北京西—石家庄二等座车票一张，票号A123456，头部左侧太阳穴被击中，经列车抢救无效后死亡，列车编制客运记录并移交石家庄站处理。特此记录，请按章处理。

北京客运段G89次列车长××于石家庄站

2019年8月19日

图 4-2 铁路电报拍发式样

任务 4.2 线路中断处理

教学目标

◆ 知识目标

1. 掌握线路中断的原因。
2. 掌握线路中断后对旅客的不同安排。

◆ 技能目标

1. 能够在线路中断后及时向旅客发布信息。
2. 能够在线路中断后根据旅客要求妥善安排旅客。

任务导入

2019年6月17日22:55，四川宜宾长宁县发生6.0级地震，成贵铁路、成昆铁路、成渝高铁沿线及部分车站均有不同程度震感。地震发生后，成都局集团公司对普速铁路内六线、成昆线、成渝线、达成线、宝成线、川黔线、成都枢纽、重庆枢纽共封锁区间291处，对高速线路

西成高铁、成贵铁路、贵广高铁、成渝高铁、郑渝高铁、沪昆高铁等共封锁区间197处。

D1835次列车、G8597次列车于17日23:00临时停车,列车长立即通过广播向旅客告知列车晚点原因和情况,并带领班组成员到车厢进行巡视,及时了解旅客需求,安抚旅客情绪。铁路部门紧急扣停区间旅客列车40列。受此影响,途经成渝高铁、渝贵铁路、成贵铁路、沪昆高铁西段等线路的列车均出现不同程度的晚点或停运。

宜宾西站、成都站做好震后旅客退票改签工作。同时,站内进行列车运行信息播报,在候车室、售票厅增派工作人员做好旅客引导和解释工作。宜宾车务段立即启动地震应急处置预案,确保旅客安全。地震发生后,管内昭通站、宜宾站等客运办理站全力做好站内旅客安抚和服务工作,及时公布列车晚点停运消息,对车站内的悬挂物开展全面排查。

高铁比其他交通工具受天气的影响的确稍小,但高铁高速运行与天气仍有密切联系。大风、雷电、暴雨洪水、冰雹、积雪、积沙、大雾等灾害性天气都可对高铁运行或路基、桥梁、电网等设施产生影响。

请同学们思考:

高铁受天气影响停运或晚点时,应如何妥善安排旅客呢?

理论知识

一、造成线路中断的原因

造成线路中断的原因包括如下:

(1)自然灾害,如水灾、雪害、冰雹、地震、泥石流等。

(2)旅客责任,如携带危险品、吸烟者乱扔烟头所引起的燃烧、爆炸等。

(3)铁路过失,如设备陈旧或失修、职工素质低、基础工作薄弱、劳动纪律松弛、列车严重超员等所引起的意外事故。

(4)其他原因,如坏人破坏、战争等。

二、线路中断后对旅客的安排(相关教学资源见二维码12)

二维码12

当线路中断,列车不能继续运行时,应妥善安排被阻旅客。车站应将停办营业和恢复营业的信息及时向旅客公告。当列车停运且不能在短时间内恢复运行时,站、车应做好服务工作,解决旅客困难,做好饮食供应工作,必要时,向地方政府报告请求支援。

发生线路中断后,事故发生局还应向国务院铁路主管部门请求命令后,向全路发出停办客运业务的电报。恢复通车时也照此办理。

(1)线路中断,旅客可以要求在原地等候通车、返回发站、中途站退票或按照承运人的安排绕道旅行。

(2)在停运站或被阻列车上时,在旅客车票背面注明"原因、日期、返回××站"或贴同样内容的小条,并加盖站名章或列车长名章,作为旅客免费返回发站、中途站办理退票、换车或延长有效期的凭证。动车组列车旅客不办理车票有效期延长,但可根据等候日数办理车票改签。

(3)旅客持票在发站或一个中途站(返回途中自行下车无效)等候通车后继续旅行时,

可凭原票在通车10日内恢复旅行。车站应予以办理签证手续,通票还应根据旅客候车日数延长车票有效期。卧铺票应办理退票。

(4)铁路组织列车绕道运输,组织原列车绕道时,原票有效;组织换车绕道时,注明"因××原因绕道××站乘车",并加盖站名戳。绕道变座、变铺时(铁路责任时按铁路原因变座、变铺),应补时补变更区间票价差额,不足起码里程按起码里程计算;应退时退还变更区间票价差额,不足起码里程票价不退。在绕道过程中,旅客中途下车时,运输合同终止。

(5)在发站或由中途站返回发站停止旅行时,退还全部票价,其中包括在列车上补购的车票,但手续费、加收部分的票款、携带品超过规定范围补收的费用以及已使用至到站的车票票价不退。

(6)在停止旅行站或返回中途站退票时,退还已收票价与发站至停止旅行站间票价的差额,发站至停止旅行站不足起码里程按起码里程计算(铁路责任时退全部票价)。

(7)线路中断后旅客自行绕道按变径办理,旅客买票绕道乘车时,按实际径路计算票价。

(8)旅客索取线路中断证明时,由车站出具文字证明,加盖站名戳。

拓展阅读

13日下午,因受福建省福鼎地区持续暴雨影响,北京—福州高铁线福鼎段中断行车,千余旅客一度滞留苍南。

受暴雨影响,从北京南发往福州的G55列车17:35在浙闽交界的浙江省苍南县车站停车,车上千余名旅客临时滞留在苍南站。事发后,铁路部门积极求助当地政府部门,苍南县政府调遣县铁路指挥部、运管、交通、警察、交警等部门100多人开展安抚、维持秩序、疏散工作,"壹加壹"民间救援组织也参与救助。在苍南县政府协调下,运来大批面包、矿泉水免费分发给广大旅客,另外从县公交集团调来20多辆大巴车,分批、有序地将旅客送回自己的目的地——福建省境内的福州、福鼎、宁德、霞浦等地。

同时,铁路部门也启动应急预案,做好旅客应急服务工作,同时提醒沿线旅客,具体信息详见车站公告或拨打12306铁路客服中心电话咨询。

任务实施

1.根据问题进行分组讨论,并总结观点

受暴雨影响,京广高铁湖南境内汨罗东至长沙南站区间浏阳河隧道因浸水关闭,导致始发和途经武汉的近140趟高铁(动车)停运,多趟列车晚点,晚点时间多在2h至4h。

请同学们讨论:

(1)如果旅客在列车上,铁路部门应采取何种应急措施?

(2)如果旅客在车站,铁路部门应采取何种应急措施?

2.任务分组

班级		组号	
小组成员及分工	姓名	学号	观点

续上表

班级		组号	
小组成员及分工			
小组总结			

3. 归纳总结

各小组选择一名同学进行小组总结分享,其他小组同学进行反思或补充。

任务4.3 旅客人身伤害事故处理

 教学目标

◆ **知识目标**

1. 掌握旅客人身伤害事故的等级划分。
2. 掌握旅客人身伤害事故的处置程序。

◆ **技能目标**

1. 能够判定旅客人身伤害事故等级。
2. 能够妥善处理旅客人身伤害事故。

 任务导入

车站列车人员密集,空气流通不畅或者有疾病史的旅客,特别是在长途旅行中,由于身心疲惫,可能会引起身体不适。

2021年8月30日,大连至吉林G8007次列车准备检票进站时,候车区一名年轻的女旅客突然晕倒在地,引来周围旅客大声呼救。正在值班的客运领班员赵娇发现后,立即上前查看,并用对讲机呼叫服务台,客运员郭兵和刘伟闻讯赶来,发现一名身材瘦小的女孩躺在地上,面色苍白,满额是汗,看起来十分痛苦。凭着曾在部队当过卫生员的经验,郭兵伸手摸了摸她的脉搏,询问她的身体状况。得知女孩因高考期间学习紧张,经常熬夜,有低血糖既往史后,郭兵初步判断女孩晕倒的原因可能是血糖过低,导致虚弱昏迷。为了让旅客身体尽快恢复,郭兵决定采取临时急救方法,和同事刘伟找来巧克力等食物和饮料,喂给女孩食用。不一会儿,女孩的身体慢慢好转,可以站起来了,但身体还是比较虚弱。此时,女孩要乘坐的G8007次列车快要检票了。大家善意提醒她可以改签下一趟车,可女孩着急去吉林的高校报到,一再表示身体已无大碍。在车站值班主任的安排下,郭兵和客运领班员赵娇通过绿色通道,搀扶着虚弱无力的女孩,将其护送到列车上,并与G8007次列车长进行了交接。看到铁路工作人员为其忙前忙后,女孩感动得热泪盈眶,连连向他们表示感谢。

请同学们思考:

遇到旅客突发急病甚至死亡时,铁路工作人员应该如何妥善进行处理,保证旅客的生命安全呢?

 理论知识

凡持有效车票的旅客,经检票口进站验票加剪开始,至到达目的地出站时止(中转和中途下车的旅客自出站至再进站期间除外),在旅行中遭受到外来、剧烈及明显的意外伤害事故以及因承运人的过错,致使旅客人身受到伤害乃至死亡、残废或丧失身体机能者,均属旅客人身伤害事故。

一、旅客人身伤害事故的种类

旅客人身伤害按程度分为三种:
(1)轻伤:伤害程度不及重伤者。
(2)重伤:肢体残废、容貌毁损,视觉、听觉丧失及器官功能丧失。具体可参照司法部颁发的《人体重伤鉴定标准》。
(3)死亡。

二、旅客人身伤害事故的等级

旅客人身伤害事故分为六等:
(1)轻伤事故:指只有轻伤没有重伤和死亡的事故。
(2)重伤事故:指有重伤没有死亡的事故。
(3)一般伤亡事故:指一次造成死亡1~2人的事故。
(4)重大伤亡事故:指一次死亡3~9人的事故。
(5)特大伤亡事故:指一次死亡10~29人的事故。
(6)特别重大伤亡事故:指一次死亡30人以上的事故。

三、旅客人身伤害事故的处置程序(相关教学资源见二维码13)

(一)旅客人身伤害事故现场处置程序

(1)在站内或旅客列车上发生旅客人身伤害时,列车长或车站客运主任(三等以下车站为站长,下同)、客运值班员应当会同铁路公安人员查看旅客受伤程度,及时采取抢救措施。列车上受伤旅客需交车站处理时,应提前通知车站做好救护准备工作。

二维码13

旅客不同意在前方停车站下车处理时,应当由旅客出具拒绝下车的书面证明,并按照规定收集两份及以上证人证言。

(2)发生旅客人身伤害事故时,列车长、车站客运主任应当会同铁路公安部门及时勘验事故现场,妥善保管旅客的财物,检查旅客所持车票的票种、票号、发到站、车次、有效期及加剪情况等。发生旅客人身伤害人数较多时,应当封锁事故现场,禁止与救援、调查无关的人员进入。发生旅客伤亡人数较多的事故车站、列车认为有必要时,应请求地方政府协助组织抢救。

(3)收集证实材料。旅客人身伤害事故发生后,为了给以后的事故调查处理提供更有利的证据,要求必须收集不少于两份同行人或见证人的证言和有关证据并保护好证据材料。收集证人证言时,应当记录证人姓名、性别、年龄、地址、联系方式、有效身份证件信息等内容。有医务工作者参加救治时,应当由其出具参与救治的证言,并签字确认。证言、证据应当准确、真实,能够证明事故发生的过程和原因,并能初步明确性质,同时证人应具有完全民事行为能力。

(4)遇列车上发生旅客人身伤害事故,应当将受伤旅客移交三等以上车站(在区间停车处理时为就近车站)处理,车站不得拒绝受理。列车向车站办理移交手续时,编制客运记录一式两份(一份存查,一份办理站车交接),连同车票、旅客随身携带品清单、证据材料一起移交。旅客人身伤害事故系斗殴等治安或刑事案件所致,列车公安乘警应在客运记录上签字。因特殊情况来不及编写记录的,列车长必须指派专人下车与车站办理交接,并必须在三日以内向事故处理站补交有关材料。当次列车因故未能将受伤旅客的材料及时移交的,旅客在法定时限内向旅客运输企业索赔且能够证明伤害是在运输过程中发生的,事故发生列车应该本着方便旅客的原则,移交旅客就医所在地车站或旅客发、到站处理,被移交站应予以受理。

(5)车站对本站发生的及列车移交的伤害旅客,应当及时联系当地医疗急救机构或送就近医院抢救。发生医疗费用时,应当根据对责任的初步判断,属于旅客自身责任或第三人责任的,由旅客或第三人支付医疗费用。暂不能区分责任或者责任人不明、无力承担的,经处理站站长或者车务段段长批准,可动用站进款垫付。动用站进款时,填写或补填"运输进款动支凭证(财收—29)",10日内由核算站或车务段财务拨款归还。

(6)受伤旅客经现场抢救无效死亡,或对站内、区间发现的旅客尸体,经医疗部门或公安机关确认死亡,公安机关现场勘查结束后,车站应当转送殡仪馆存放(在此之前,车站应将尸体转移至适当地点并派人看守),并尽快通知其家属,尸体存放原则上不超过10日,死者身份不清且在地(市)级以上报纸刊登寻人启事后10日仍无人认领的,应当根据铁路公安机关书面意见处理尸体;系不法侵害所致的,应当根据铁路公安机关书面意见并协商死者家属意见处理尸体。对死者的车票、衣物、随身携带物品等应当妥善保管,并于善后处理时一并转交其继承人;死者身份不明或者家属拒绝到站处理的,按无法交付的物品处理。

(7)拍发事故速报。

车站、列车发生旅客人身伤害事故时,应当立即向上级主管部门及有关铁路局集团公司主管部门拍发事故速报,条件允许时,应当先电话报告事故概况。发生重大及以上伤亡事故时,应当逐级向上级主管部门报告。事故速报内容包括:

①事故种类。

②发生日期、时间、车次。

③发生地点、车站、区间里程。

④伤亡旅客姓名、性别、国籍、民族、年龄、职业、单位、住址、车票种类、发到站、票号、身份证号码。

⑤事故及伤亡简况。

(二)乘意险事故处置程序

发生旅客人身伤害事故后需录入"客运管理信息系统"。涉及旅客购买乘意险的事故,原铁路旅客人身伤害事故上报内容、处置程序不变,单纯乘意险事故不作为铁路旅客人身伤害事故考核依据。乘意险事故处理案卷与旅客人身伤害事故案卷应分别管理。

列车工作人员在铁路旅客人身伤害处理过程中,增加乘意险投保情况的调查了解,在第一时间内做好保险相关服务工作,客运部门应派人对出险旅客进行探访跟踪,不得推诿,确保服务质量。

铁路乘意险保险事故在列车上处理流程如下:

(1)受理报案。铁路乘意险采用现场报案的方式,被保险人出险后,向列车现场工作人员寻求帮助。现场工作人员记录相关情况,保险公司视同现场报案。

(2)组织救助。站段客伤处理人员在收到发生旅客人身意外伤害事故的报案后按照原铁道部《铁路旅客人身伤害及携带品损失事故处理办法》(铁运〔2012〕319号)的有关要求,组织做好医疗救护工作。

(3)收取旁证。收取不少于2份与投保人无利害关系的第三人旁证材料。

(4)编写客运记录。旅客在列车上发生人身伤害事故,列车工作人员应主动询问旅客是否投保铁路乘意险。对于已投保的,应在客运记录注明。客运记录需注明旅客姓名、身份证号、乘车车次、出险时间、地点、原因、经过、伤害程度、采取措施等情况。

(5)移交车站。旅客因伤害需交车站处理时,应移交前方县、市所在地车站或者当地具备公共医疗条件的停车站。旅客不同意在停车站下车处理时,应当由旅客出具拒绝下车治疗的书面声明。站车交接时,应将注明购买乘意险的客运记录及相关资料一并移交。

四、旅客人身伤害事故责任划分

铁路旅客人身伤害事故责任分为旅客自身责任、铁路运输企业责任、第三人责任及其他责任。认定责任标准时,主要依据《中华人民共和国合同法》和《最高人民法院关于审理铁路运输人身损害赔偿纠纷案件适用法律若干问题的解释》等相关司法解释。

(一)旅客自身责任

由于旅客自身健康原因或者旅客违反铁路安全规定,不听从铁路工作人员的引导、劝阻等违法违章行为或其他自身原因造成的伤害,属于旅客自身责任。

(二)铁路运输企业责任

由于铁路运输企业人员的职务行为和设备设施的原因对旅客造成的伤害,属于铁路运输企业责任。

铁路运输企业责任分为客运部门责任和行车等其他部门责任。客运部门责任分为车站责任和列车责任。

1. 有下列情形之一的,属于车站责任

(1)旅客持票进站或下车后在检票口以内因组织不当造成伤害的。
(2)缺乏引导标志或有关引导标志不准确而误导旅客发生伤害的。

(3)车站设备、设施不良造成旅客伤害的。
(4)车站销售的食物造成旅客食物中毒的。
(5)因误售、误剪不停车造成旅客跳车的。
(6)在规定停止检票后继续检票放行或检票放行时间不足,致使旅客抢上列车造成伤害的。
(7)因违章操作、管理不善造成火灾、爆炸、发生旅客伤害的。
(8)事故处理工作组有理由认为属于车站责任的。

2. 有下列情形之一的,属于列车责任

(1)由于车门未锁造成旅客跳车、坠车或站内背门下车造成旅客伤害的。
(2)因列车工作人员的过失,致使旅客在不办理乘降的车站(包括区间停车)下车造成人身伤害的。
(3)由于组织不利,旅客下车挤、摔造成伤害的。
(4)车站误售、误剪车票,列车未能妥善处理造成旅客跳车伤害的。
(5)因列车报错站名致使旅客误下车造成伤害的。
(6)因列车工作人员的过失造成旅客挤伤、烫伤的。
(7)因餐车、售货销售的食物造成旅客食物中毒的。
(8)因违章操作、管理不善造成火灾、爆炸,发生旅客伤害的。
(9)因列车设备不良造成旅客人身伤害的。
(10)事故处理工作组有理由认为属于列车责任的。

3. 有下列情形之一的,属于车辆部门责任

(1)由于车辆技术状态或设备不良,如煤箱盖、天棚盖、门窗锁失效等而发生旅客伤亡时。
(2)因电气设备不良,取暖锅炉故障等原因,发生火灾,造成旅客伤亡时。

4. 下列情形属房产部门责任

为旅客服务的房舍、天桥、地道、风雨篷、厕所、门窗等属于房产部门的建筑设备,因技术状态不良所造成的旅客伤亡时(施工单位的列施工单位责任)。

5. 有下列情形之一的,属于车务部门责任

(1)旅客尚未乘降完毕,运转值班员或运转车长显示发车信号开车,造成旅客伤亡时,错办误办接车进路(闭塞)、吊车冲突造成旅客伤亡等。
(2)当货物列车在站内停在候车与停站旅客列车之间,妨碍旅客通行时,由于没将货物列车拉开道口,而发生旅客钻爬车底造成旅客伤亡事故时。

6. 有下列情形之一的,属于机务部门责任

(1)列车到站停车后,司机擅自移动而发生旅客伤亡事故时。
(2)由于机车冒进信号造成列车冲突,发生旅客伤害时。
(3)列车运行时由于使用紧急制动不当造成紧急停车,而造成旅客伤亡事故时。

7. 工务部门责任

略。

8. 其他部门责任

略。

(三)第三人责任

由于旅客和铁路运输企业合同双方以外的人给旅客造成的伤害,属第三人责任。

(四)其他责任

非上述三种责任造成的伤害,属于其他责任。

五、旅客人身伤害事故处理费用

受伤旅客临床治疗结束或死亡旅客遗体处理完毕,工作组应当根据铁路安全监督管理办公室对责任确定情况,核实各项费用及授权委托书、亲属关系证明等有关证明后,涉及铁路运输企业责任的,尽快按照有关法律规定与旅客或其继承人、代理人协商办理。根据相关法律规定,赔偿项目包括死亡赔偿金(伤残赔偿金)、误工费、护理费、营养费、后续治疗费、被扶养人生活费和残疾辅助器具费用等项目。

医疗费用应根据实际产生或后续治疗需要,凭治疗医院单据或建议核定。旅客需要转院治疗时,应与处理单位协商一致,并经治疗医院同意。

残疾赔偿金应根据有关鉴定机构出具的旅客人体损伤残疾程度鉴定意见,或者根据旅客受伤程度,比照有关人体损伤残疾程度鉴定标准所对应的残疾等级,按照有关标准计算。

对伤亡旅客的赔偿一般应当于治疗结束或尸体处理完毕后进行。办理赔付时,编制"铁路旅客人身伤害及携带品损失最终处理协议书",经各方确认,签字或加盖处理单位公章后,将赔偿金依据法定顺位支付给旅客或其继承人、代理人,旅客或其继承人、代理人出具收据交给处理单位。

六、旅客携带品损失处理

在铁路运输过程中发生旅客携带品损失时,按照《铁路旅客人身伤害及携带品损失处理暂行办法》(铁运〔2012〕320号)处理。旅客或其继承人、代理人应当向铁路运输企业提出可确认的证据;铁路运输企业经确认后,使用"铁路旅客人身伤害及携带品损失最终处理协议书",由参与协商的各方签字盖章后,办理赔付。

 任务实施

1. 旅客发生意外伤害的处理方法

2021年8月19日,D2次(沈阳—北京)列车锦州南站到站前,旅客张三,身份证号码×××××,持沈阳站至北京站的车票,2车2F号,票号A123456,在为同行儿子张小军,男,4岁,持沈阳站至北京站的半价车票,2车2D号,票号A123457,泡面时,不慎将泡面碰倒,造成儿子两大腿内侧烫伤。问:列车对此应如何处理?

2. 处理过程参考

处理方法:

(1)列车长立即赶赴现场,查看旅客受伤情况,利用列车配备的医疗救护药箱对旅客进行伤口紧急处理;同时立即通知广播寻找医生,若有医务工作者实施救助,对其身份、姓名、单位进行记录。

(2)列车长询问旅客监护人是否要进行下车治疗,旅客需要下车治疗时,列车长应开具客运记录。

(3)收集不少于两份同行人或见证人的证言证词,记录证人的姓名、性别、年龄、地址、联系方式和有效身份证件等内容。

(4)列车终到后,向车队汇报事件情况。

编制客运记录如图4-3所示。

中国铁路沈阳局集团有限公司　客统—1

客 运 记 录

第78号

记录事由:移交烫伤旅客
锦州南站:
2021年8月19日,D2次列车锦州南站到站前,旅客张三,身份证号码××××××,持沈阳站至北京站的车票,2车2F号,票号A123456,在为同行儿子张小军,男,4岁,持沈阳站至北京站的半价车票,2车2D号,票号A123457,泡面时,不慎将泡面碰倒,造成儿子两大腿内侧烫伤,列车已采取简单的包扎处理,现移交你站,请按章办理。
注: 　1.站车需要编制记录时适用。 　2.本记录不能作为乘车凭证。

　　　　　　　　　　　　　　沈阳客运　站　编制人员××(印)
　　　　　　　　　　　　　　　　　　　段
　　　　　　　　　　　　　　　　　　　站　签收人员(印)
　　　　　　　　　　　　　　　　　　　段
　　　　　　　　　　　　　　2021年8月19日编制

图4-3　客运记录填写式样

任务 4.4　高速铁路旅客运输应急处理

教学目标

◇ 知识目标
1. 掌握车站应急处置程序。
2. 掌握列车应急处置程序。

◇ 技能目标
1. 能够按照流程正确处理车站应急情况。
2. 能够按照流程正确处理列车应急情况。

任务导入

2021 年 10 月 10 日 18:06,由上海虹桥开往重庆北的 D2217 次动车组列车停靠在湖北建始火车站,旅客乘降完毕后,动车缓缓地关上车门。在动车关门时,有一名旅客试图控制住动车关门,但没能如愿。随后,动车司机发现司机室操控台信号显示有人拉下紧急制动阀,无法正常发车,于是打开了动车车门。这时,一名女性旅客和一名背包的男性旅客相继从动车上跑了出来。原来,这三名旅客是同伴,最后从车内跑出来的两名旅客因为戴着耳机睡觉,没有听到动车到站前的广播提示,情急之下,逐一按下车门边的按钮,并拉下紧急制动阀门,导致动车延误。

近年来,由于旅客、设备、天气等原因,铁路旅客运输工作中经常出现一些紧急情况,如列车晚点、紧急制动等。

请同学们思考:

铁路运输管理部门以及站车工作人员应该如何应对此类紧急事件?

理论知识

铁路系统是一个开放的、动态的系统,具有点多、线长、面广的特点,在铁路旅客运输过程中,由于人员、设备、环境和管理等一系列不确定的因素,可能发生各类危及旅客运输及旅客安全和运输组织秩序的非正常情况。为了在全天候的铁路旅客运输生产过程中保证行车和旅客的生命安全,铁路运输企业面对特殊和紧急情况时,必须建立和完善铁路应急预案、建立良好的应急体系,在突发状况时,各部门工作人员能够协调有序,以减少事故造成的人身和财产损失。

一、铁路应急预案概述

(一)铁路应急预案概念

铁路应急预案是指为了确保铁路运输过程中行车安全、运输通畅、旅客安全、有效预防和控制各类突发事件，铁路各部门预先制订的各类处置行动方案。

按照制订预案的组织机构和事故类型可以将应急预案分类如下：

(1)按组织机构划分，铁路应急预案可分为国家专项应急预案、国铁集团应急预案和站段应急预案。

(2)按事故类型划分，铁路应急预案可分为自然灾害应急预案、铁路交通事故灾难应急预案、公共卫生类应急预案、社会安全事件类应急预案和其他类应急预案。

(二)铁路应急处理原则

1. 生命至上原则

铁路运输企业应该把挽救生命作为应对铁路突发事件预防的首要任务，来保障旅客的基本生存条件，这是"以人为本、生命至上"的重要体现。

2. 迅速响应原则

接到事故报告后，救援人员应该立即出动，启动应急预案，向相关部门报告，同时，力争在最短时间内平息事件影响。

3. 预防为主原则

将监测、预警、预防作为应急管理的中心环节，力争将事件控制在萌芽状态。

4. 统一指挥原则

充分发挥铁路运输企业作用的同时，现场总指挥负责统一联系和调度各方面应急救助力量，各单位和各部门人员密切配合，整合各层次、各部门资源，协同应对突发事件。

5. 分级管理原则

根据突发事件危害和影响程度的不同，分别由国铁集团、铁路局集团公司或铁路站段组织应对，对于特大突发事件，还应积极动员社会和政府力量的支持。

6. 合法适度原则

依法行使突发事件处置权力，审慎、适度地采取预防应对措施，最大限度地避免或减轻措施本身可能造成的损失或影响。

7. 恢复畅通原则

必须全力、尽快恢复运输秩序，最大限度地减少突发事件带来的损失和后续影响。

二、高速铁路客运站应急处理

(一)高速铁路客运站旅客应急乘降方案

应急乘降方案是针对外部环境发生突变的情况下制定的，在运输生产的关键时刻，往往起到重要作用。

1. 始发动车组列车晚点

由于外部原因造成动车组列车始发晚点时，要尽可能减少排队情况的发生，同时宣传、解释、疏导要到位，用真诚的语言赢得旅客的理解和配合。当放行有困难时，可组织两端放行，排队到中央检票厅。如果晚点时间较长，影响其他列车放行的，可安排在大厅候车并在大厅就地检票。在大厅排队时，放置好方向牌，并派专人盯好队头队尾。当放行地点发生变化时，原检票地点要留人坚守岗位，随时接应后续到达旅客。

2. 列车集中晚点或发生紧急情况

请示站长,利用站前广场组织排队,专用通道迂回进站。队头队尾分别放置方向牌设专人值守。放行时要加强宣传引导,保证安全。

3. 出站口因特殊情况动车组列车晚点集中到达时

利用专用通道出站,以减少出站口的压力,并实行以放行为主、以堵漏保收为辅的措施,确保旅客出站安全。

4. 应急乘降方案的实施

应急乘降方案的实施必须有相应的要求加以保障,如对应急情况下的员工日常培训、人员的及时调整和公安干警的大力配合等。对于应急乘降方案的安排,要组织车站职工认真学习,责任落实到人,一旦发生异常情况,要能及时到岗到位。使每一位铁路旅客都能走得了、走得好,使铁路运营企业在市场竞争中立于不败之地。

(二)发生行车中断时高速铁路客运站对滞留旅客的组织处置程序

当发生动车组列车大面积晚点、线路中断,动车组列车晚点时间超过30min,致使旅客滞留车站、列车上或旅客反映强烈时,高速铁路客运站应做好客运组织工作。

(1)迅速报告。车站值班员应迅速报告车站站长。

(2)启动预案。站长应迅速启动预案,组织全体人员迅速到岗,维持好秩序。

(3)及时通告。站长应迅速将旅客滞留和列车滞留情况向上级报告,同时将滞留原因及时通告相关列车。情况紧急时,向地方政府报告,请求救援。

(4)合理组织。要积极做好旅客的饮水及食品供应工作。对站内旅客大量集结的情况,要合理、有序地安排候车能力,留好通道。

(5)加强宣传。加强广播宣传及列车运行信息公告,积极、有序地组织旅客按照《铁路旅客运输规程》的规定办理退票、车票改签工作。

(6)维持秩序。积极配合滞留站内的列车维持好车内秩序,必要时配合列车组织旅客疏散到车站安全地带候车。

(7)联系通畅。受阻旅客列车在站停留期间,车站主要负责人等有关人员要坚守岗位,加强与列车长和上级有关部门的联系,根据现场实际和上级有关部门联系,及时处理和解决现场发生的一切问题。保证信息渠道畅通,做到上情下达,下情上传。

(8)宣传解释。旅客列车受阻不能进行运行或停运时,车站应向旅客公告,并做好宣传解释工作,取得旅客的谅解。

(9)妥善安排。对折返发站和停运的旅客列车,沿途停车站要增派人力,备足周转金,快速为旅客办理退票、改签等手续。

(三)因天气不良或其他原因造成动车组列车晚点时车站的应急处置程序

(1)因天气不良或其他原因造成动车组列车晚点,动车组候车室或专用候车区要利用广播做好解释和疏导工作。对晚点列车时间较长的,更要安排好旅客。旅客列车晚点1h以内的,车站依据调度阶段计划、旅客列车依据实际情况,向旅客通报列车晚点时间。旅客列车晚点超过30min的,站长应代表铁路向旅客道歉。向旅客通报时,车站广播每次间隔不超过30min,有条件的车站应提供实时电子显示电话时查询。

通报内容包括列车当前晚点时间、晚点原因。发生线路中断时，还应通报预计恢复通车（继续晚点）时间和列车退行、绕行、停运等调整列车运行方案信息。

（2）当晚点列车较多，动车组候车室或专用候车区放行有困难时，要组织专人带队到检票口放行，以确保动车组列车旅客有序乘车。

（3）由于特殊原因造成动车组列车停运时，要向旅客做好宣传解释工作，组织旅客办理退票手续。售票部门要提前准备好退票窗口和零钱，方便旅客在最短时间内办理退票手续。

（4）车站广播室在列车晚点时，按照规定播放站长的道歉广播词。例如，"列车晚点耽误了您的旅行，我代表站长向您表示诚挚的歉意！"车站各部门要积极协调，为乘坐动车组列车的旅客提供信息和服务。

（四）高速铁路客运站遇台风、暴雨等恶劣天气时的应急处置程序

（1）高速铁路客运站接到台风、暴雨等恶劣天气预报后，站长及时组织工作人员迅速到岗，加强站场巡视，检查客运服务场所的揭示牌、广告牌、挂钟等服务设施是否牢固，并安排人员准备沙袋等防洪设备。

（2）遇台风、暴雨等恶劣天气时，高速铁路客运站要及时向铁路局集团公司值班室、客运部汇报受灾情况以及旅客滞留情况。

（3）当候车室、地道等区域出现浸水时，高速铁路客运站组织力量及时采取堆垒沙袋设防等方式，防止雨水灌入。保洁工作人员应及时清理积水，并在候车室、天桥、地道等区域设置防滑警示标志，加强宣传，防止旅客滑倒、摔伤。

（4）遇暴雨天气导致候车室、地道内积水时，高速铁路客运站应及时启动积水强排措施。

（5）因台风、暴雨等恶劣天气造成动车组列车停运、晚点时，高速铁路客运站应迅速将动车组列车停运原因、恢复运行时间等信息及时通过广播、揭示牌向旅客宣传，安抚、稳定旅客情绪，并备足现金，增开退票窗口，积极有序地组织旅客办理退票、改签手续。

（6）高速铁路客运站要积极做好旅客的食品、饮水供应工作。必要时，及时与地方交通部门联系，做好旅客分流疏散工作。

（五）高速铁路客运站突然停电的应急处置程序

（1）稳定情绪。高速铁路客运站突然停电，客运人员应及时赶到候车室，进行口头宣传，稳定旅客恐慌情绪，让旅客就地看管好自己所携带的物品，不要随便走动，防止混乱互相拥挤伤人及丢失物品。

（2）控制出入。全体客运人员要坚守岗位，门卫严禁旅客再行出入候车室，检票口要立即封闭，不准摸黑放行。

（3）及时报告。立即报告客运站领导和车站公安，加强警力，防止不法人员趁黑作案，同时以最快的速度通知房建电力工区值班人员进行抢修。

（4）另取照明。候车室如设有应急灯的，应迅速打开。若停电时间较长或电路损坏严重，一时不能修复，应另取其他照明使用。

（六）高速铁路客运站售票系统故障的应急处置程序

（1）高速铁路客运站在遇到售票系统突然发生故障导致中断售票业务时，车站站长（副站长）要立即到达现场，负责指挥客运组织及故障处置工作，车站要利用各种渠道及方式，做好旅客解释、疏导工作,指派专人在售票厅等旅客主要聚集地维持秩序。

(2)高速铁路客运站立即开启应急动车组售票专用窗口,使用代用票发售当日各次列车无座席位。根据售票及客流情况,可安排乘坐本局列车的旅客直接上车补票。

(3)高速铁路客运站安排专人负责及时通知当日本局担当的各次列车长,通报车站售票系统故障及采取的相应措施。列车长接到通知后,立即到岗到位,与车站配合,确保旅客乘降安全,及时安排旅客办理补票业务。

(4)高速铁路客运站售票系统发生故障后,要立即通知车站技术保障部门采取排障措施,并及时向路局信息处、客票管理所汇报。车站技术保障及铁路局集团公司各级信息管理部门要本着"快速处置、及时恢复"的原则,迅速查明故障原因和故障点,排除故障,最大限度地缩短故障延时。

(5)售票系统故障排除后首先要恢复发售动车组车票业务,确保乘坐动车组的旅客顺利购票乘车。

(七)高速铁路客运站客运服务系统故障的应急处置程序

(1)高速铁路客运站发生客票系统故障,窗口不能售票时,售票(客运)值班员应立即通知车站客票系统维护人员,并向站长汇报;车站应及时调配岗位客运作业人员,加强售票室的秩序维护工作,做好对旅客的宣传和解释,稳定旅客情绪;车站客票系统维护人员要立即到现场确认故障程度,对不能独立处理的故障要立即向局信息技术处报告;故障时间超过10min时,应立即向车站(车务段)应急领导小组和局客运部、信息技术所报告;对预计30min内不能恢复的客票系统故障,车站(车务段)应急领导小组应立即向局客运部申请启用售票应急系统;客运部长批准启用售票应急系统后,局客票管理所立即下发应急售票系统启动密码,车站确定启用应急售票窗口,按步骤启动应急售票程序,发售距开车3h之内的无座席车票。故障排除后,按步骤上传应急售票存根,确认无误方可恢复联网售票;当开车前未购到车票的旅客较多时,车站应立即向局客运部申请开通绿色通道,允许旅客上车补票。经批准后实施;车站采取绿色通道应急措施时,应向列车和相关前方停车站通报情况。列车要做好上车旅客的补票工作。相关前方停车站,要加强出口处查验车票力量,并认真做好旅客补票工作。

(2)综控室集成管理平台与代管站旅客服务系统中断联系时的应急处置程序。综控室操作人员发现集成管理平台与代管站旅客服务系统中断联系时,应立即通知各代管站站长和车站领导,并通知技术维护人员,进行系统抢修;各代管站接到综控室通知后,应立即指定专人负责启用简易集成平台,做好对本站各旅客服务系统的操作和控制;综控室操作人员应加强对各代管站列车运行情况的监控,及时向各代管站站长通报列车运行情况,确保各代管站旅客运输组织秩序平稳。各代管站站长必须通过CTC复视终端进行确认。

(3)高速铁路客运站引导系统发生故障时的应急处置程序。客运人员应立即报告综控室,由综控室向车站领导报告,并通知维修部门进行维修;综控室应立即通知各代管站站长,告知影响的车次,列车进路的安排。同时,加强远程监控,将现场信息通知相关岗位,加强对旅客的广播宣传,正确引导旅客购票、进出站、上下车;车站应及时抽调人力(人员不足时,由车站、车间干部)在候车大厅设立引导岗位,引导旅客候车,加强检票进站的引导宣传。在地道或天桥处设置临时引导标志,在检票口、天桥、站台等增加引导力量引导旅客进站上车;车站候车室、进站口、进站厅、天桥口、地道口、站台处应使用其他形式的车次揭示牌做好引导工作,确保旅客正确候车、有序乘降。

(4)高速铁路客运站广播系统故障时的应急处置程序。遇车站广播系统故障时,客运人员应立即报告车站综控室,由综控室向车站领导报告,并通知维修部门进行维修。同时,综控室操作人员应将广播切换至人工模式,按照广播内容顺序进行人工广播,做到不缺项、不遗漏、不错播;车站要充分利用客运导向揭示、手提喇叭等工具,及时地向旅客通报列车到开时刻、候车室及站台安排情况。综控室、候车室、站台、地道口等关键部位客运人员要随时保持联系,互通信息,做到按时检票和停止检票;车站领导要现场把控,客运人员要坚守岗位,同时抽调人力对进站大厅、旅客集散区、售票厅、候车室、进出站口、通道、站台等处加强宣传,确保旅客正确候车、有序乘降。

(八)高速铁路客运站自动检票系统故障的应急处置程序

(1)客运人员立即报告车站综控室,车站综控室在接到报告后,要立即向车站领导报告,并通知维修部门进行维修。

(2)高速铁路领导要现场把控,根据客流情况,合理调配客运人员加开进出站检票口,调整检票时间,实施人工检票。

(3)高速铁路要及时将本站自动检票闸机故障的情况向列车前方各停车站进行通报,方便各前方停车站对到站旅客的组织。

(九)动车组列车未进入站台停车时的应急处置程序

因机车设备故障或司机操纵不当,造成动车组列车在站内未进入站台或未全部进入站台停车时,高速铁路应采取如下应急预案妥善处置:

(1)由站台客运接车人员及时向应急值守员报告,由应急值守员负责向司机了解情况,采取响应组织指挥手段。如列车能继续运行时,指挥列车驶入站台固定停车位置,以便于旅客乘降。同时,通知站台接车人员注意监控;如列车不能继续运行时,通知客运值班员与列车长联系,组织旅客及时乘降。

(2)客运值班员带领客运人员立即分布到列车各车门口进行监控,掌握车上旅客动态,同时安排客运人员负责维持好站台旅客秩序,并通知广播员进行安全秩序广播宣传。

(3)客运值班员接到应急值守员通知后,如列车继续运行驶入站台固定停车位置时,组织客运人员做好站台旅客组织及安全防护工作;如列车不能继续运行时,由站台客运接车人员负责将站台旅客组织到列车停车位置,客运人员应配合列车员做好旅客乘降组织工作,防止旅客摔伤等事故发生。

(4)当发生动车组列车未进入站台停车时,客运站要严格按照上述预案处理,站长、客运主任(值班干部)要到站台负责组织指挥,严禁因组织不当造成旅客越站情况发生。

(十)客运站导向揭示、广播、检票、站台安全门(屏蔽门)等系统严重故障,不能正常使用时的应急处置程序

1.高速铁路客运站导向揭示故障的应急处置程序

(1)客运人员要立即报告综控室,由综控室向相关维修部门、站长汇报,相关维修部门要立即组织维修。

(2)高速铁路客运站要加强广播宣传,在候车室、地道、天桥等安全关键位置设立活动揭示牌,加强组织力量,确保旅客乘降安全。

2. 高速铁路客运站广播系统故障时的应急处置程序

(1)客运人员应立即报告综控室,由综控室向相关维修部门、站长汇报,相关维修部门要立即组织维修。

(2)充分利用客运导向揭示、手提喇叭等工具,及时地向旅客宣传列车运行、到发及候车室、站台安排等情况。

(3)客运人员坚守岗位,在候车室、进出站口、站台等安全关键位置加强组织力量,确保旅客乘降安全、有序。

3. 高速铁路客运站自动检票系统故障的应急处置程序

(1)客运人员应立即报告综控室,由综控室向相关维修部门、站长汇报,相关维修部门要立即组织维修。

(2)客运人员立即加强力量实施人工验票。同时,停止持铁路乘车卡的旅客直接进站,并组织持铁路乘车卡出站的旅客办理扣款或补票等手续。

4. 高速铁路客运站安全门(屏蔽门)系统故障时的处置程序

(1)客运人员应立即报告综控室,由综控室向相关维修部门、站长汇报,相关维修部门要立即组织维修。

(2)当安全门(屏蔽门)发生故障,滑动门不能正常打开时,客运人员应立即用钥匙解锁,或由列车乘务员操作滑动门开门把手,迅速打开滑动门。

(3)当滑动门不能手动开启时,客运人员立即用锁匙打开应急门,或由列车乘务员推压开门推杆打开应急门。

(4)当安全门(屏蔽门)故障未修复时,要在故障滑动门上张贴提示标志;安全门(屏蔽门)玻璃破裂时,应采取加固、围蔽等防护措施,同时客运人员做好安全防护。

(十一)预防扒车应急处置程序

(1)客运人员要加强站台巡视,搞好站序管理,在列车进站前和开出站后,及时清理站台,禁止闲散人员(包括中转换乘旅客)在站内停留。

(2)对列车移交的无票人员,车站客运值班员接收后,要安排专人重点看护(补票后)送出站外,防止返回扒车。

(3)对患有精神病的旅客乘车,要协助其家属重点看护送上车;发现无人护送的精神病人严禁进站,并及时通知当地民政部门所属"救助站"负责妥善处理。

(4)对在高速铁路客运站附近讨要、拾拣人员,禁止进入站内,并通知当地民政部门所属"救助站"负责妥善处理。

(5)对旅客、路内通勤职工要加强安全乘车宣传,防止因扒乘发生伤亡事故。

(6)车站接车人员要严格落实标准化作业,在接、送列车时认真瞭望,重点观察车辆连接处、车梯、车窗、列车尾部是否有人扒车。

(7)当发现有人扒车时,要及时制止,如列车启动后,要由客运值班员(计划员)及时通知应急值守员,应急值守员要及时向列车调度员报告,按列车调度员指示办理。

(8)客运、运转、公安等部门要紧密配合,及时妥善处理突发情况。

(十二)防止旅客漏乘应急处置程序

(1)准确掌握动车组列车运行情况,严格按规定时机检票。

(2)做好检票前的预检,检票员接到列车检票的指示后,组织旅客在检票口排队进行预检,并用手提喇叭在候车室内和候车广场处进行检票宣传,提醒旅客及时检票。

(3)设有广播机的车站要及时广播列车运行情况,通知列车检票或晚点,使旅客掌握列车信息。

(4)检票员检完票前后,都要用手提喇叭,不间断地进行检票宣传。

(5)售票员、检票员要按本站规定时间停止售检票,以免造成旅客检票后上不去车而漏乘。

(6)站台客运人员要确认站台、天桥、地道售货摊点等处所,无旅客乘车时,再用手持电台告知运转外勤人员"旅客乘降完毕",严禁未经确认而盲目"呼叫"。

(十三)高速铁路客运站因列车晚点造成中转旅客不能换乘接续列车时的应急处置程序

(1)遇有动车组列车严重晚点(超过30min)时,该站站长、主管站长、客运主任、售票主任等必须亲临现场,组织干部职工向旅客做好道歉和解释工作,并组织好候车、售票、退票等一系列相关工作,正确劝导、安抚旅客,稳定旅客情绪,以减少不良反应。

(2)由于动车组列车晚点造成中转旅客(异地购票旅客)不能换乘接续列车及旅客坐过站时,站长、值班干部(客运值班员)应立即到场积极组织,将旅客安排到合适场所,认真解答旅客提出的要求,按客运规章妥善处理,并做好耐心解释工作。对有特殊要求的旅客,在车站无法达到旅客要求的情况下,及时向上级领导请示解决办法,并按照上级领导的指示进行处理。

(十四)高速铁路客运站突发大客流的应急处置程序

由于自然灾害、节假日客流高峰、客运组织或团体活动等因素影响,高速铁路客运站客流猛增时,称为车站突发大客流。此时的应急处置程序应包括售票应急组织和秩序应急服务两方面。

1. 售票应急组织

(1)当客流上升时,售票车间应该开足售票窗口、合理调整窗口的分工,方便旅客购票;如果此时售票厅无法满足旅客购票需求,售票车间主任向主管站长汇报,经主管站长批准启动售票应急组织预案。

(2)售票车间开放所有窗口(含退票、签证窗口)时,售票车间应大力进行内部挖潜,合理安排人员开足售票窗口,人员不足时,提前报请车站协调解决,必要时安排机关人员进行补岗。(因售票工种特殊性,车站应在客流淡季安排部分人员学习售票业务,取得上岗资格,满足售票补岗需求)。

(3)当购票客流猛增时,主管站长应及时安排,增派车站科室人员补岗,协助维持购票旅客秩序,科室协助维持秩序人员必须在指定时间前到售票车间签到,并服从售票主任安排;主要负责售票厅外购票旅客排队秩序维持、解答旅客问事、售票厅分工宣传等。

(4)当购票客流猛增售票大厅旅客已满时,售票车间与当班公安加强联系,立即关闭售票厅大门,同时在售票厅门外安置"旅客购票排队处"的引导牌,引导后续旅客在售票厅门外有序排队,并配合公安人员维持好旅客排队秩序。在售票厅大门处安排人员把守,预售前售票大厅购票旅客只出不进。开始售票后,车站机关维持秩序工作人员协同公安人员根据售票大厅客流情况陆续放行旅客进入售票大厅,有效控制售票大厅客流密度,确保购票旅客人身安全。

(5)由主管站长协调车站公安所加派警力维持售票秩序、清理售票厅闲杂人员,必要时召开协调会,做好与公安的协调配合工作。

(6)为保证售票窗口功能最大化,售票车间应根据购票客流组成合理调整售票窗口分工,在客流猛增期间,主管站长应根据情况随时召开由售票车间、客运路风科相关人员参加的售票情况碰头会,针对当日窗口分工、存在问题、客流变化等情况进行专题分析,以便进一步优化窗口分工,方便旅客购票。

(7)加强公告宣传。利用车站广播、电子显示屏、人工高音喇叭等形式加强宣传,宣传口径的规范统一;可利用电视、电台、网络等媒体进行通告,提高旅客告知率。

2. 秩序应急服务

(1)候车室值班员立即向站长(值班干部)汇报,站长(值班干部)应立即通知各相关人员到达现场,积极组织旅客,做好疏散工作。同时,通知公安人员增派警力维持秩序,确保安全。

(2)视客流情况及车次合理划分候车区域,全员进区服务,排好旅客行李、包裹,清理旅客座席,做到人物分开;维护检票秩序,防止挤口、乱排,提前预检,专人带队,分批乘降工作。

(3)指派专人疏导候车室进出口秩序,防止对流,保证无旅客滞留。"三品"(易燃品、易爆品和危险品)检查人员要认真宣传引导,不漏一包一件,候车室、站台工作人员要提高警惕,加强对进站旅客携带品的巡视与检查,防止"三品"(易燃品、易爆品和危险品)进站上车。

(4)合理利用候车区域,候车室服务人员检票前的宣传工作一定要做到位,检查完大客流后,检票员要进区内宣传,避免旅客漏乘。站台工作人员要注意防止旅客抓车抢上。

(5)合理安排检票时间,始发列车提前40min检票。特殊情况下及时与列车联系,提前检票上车,缓解候车旅客猛增的压力。对中转列车或始发列车晚到时,经客运主任同意可提前检票,组织旅客到站台候车。

(6)遇列车集中到达,旅客较多,要做好下车旅客的疏导工作。站台人员要加强组织,保证秩序,冬季还要在站台增派人员,防止旅客滑倒摔伤。出站口多开出口,尽快让旅客出站,避免旅客在出站口滞留时间过长,避免发生拥挤、踩踏事件的发生。

(十五)高速铁路客运站内有滞留旅客需要疏散时的应急处置程序

旅客不出站、不上车,在站内聚集、滞留,可能影响到发车或其他列车进站后旅客的出站时,或遇其他特殊情况影响旅客出站,应迅速启动疏散应急预案。

(1)车站站长应立即组织有关人员到场,做好旅客安全和疏散组织工作,并通知车站公安人员到场。

(2)车站客运人员应按职责分工做好旅客宣传和引导工作,有序地引导旅客尽快上车、出站或到车站指定的场所;特殊情况下站长可决定开通出站口,确保站台和列车无滞留人员。

(3)车站广播室要加大宣传力度,配合工作人员,积极引导旅客上车、出站或到指定场所。

(4)车站公安人员要协同客运人员共同做好宣传、劝导和解释工作,及时采取有效措施,积极维护旅客安全和站车秩序。

三、动车组列车应急处理

(一)发生火灾、爆炸时的应急处置程序

(1)动车组列车工作人员(含司机、随车机械师、公安乘警、客运乘务人员、餐饮服务人员、随车保洁人员等,下同)发现或接到旅客反映车厢内有爆炸、明火、冒烟或消防设施报警时,应立即到现场查看并采取有效的灭火措施,同时通知列车长。列车长接到通知后,应会同随车机械师、公安乘警根据具体情况,采取相应的措施进行处置。在扑救火灾时,列车乘务员应保护好现场,并采取措施做好宣传工作,稳定旅客情绪,维持秩序,以免发生混乱。

(2)列车长要迅速了解起火原因,正确判断火势情况,根据火灾、爆炸威胁行车和旅客人身安全的情况决定是否停车处置;如火势较大,列车工作人员应立即使用紧急制动阀停车并按下火灾报警按钮(火情小、能处置的可不使用紧急制动阀),同时列车长(或随车机械师)立即通知司机停车(停车时避开桥梁、隧道、长大下坡道,选择便于疏散旅客和组织救援的地点停车)。停车后,司机应立即向列车调度员或车站值班员(车务应急值守人员,以下同)报告,配合列车长、随车机械师、公安乘警进行火灾扑救、旅客疏散等工作。有制动停放装置的由司机负责实施防溜,无制动停放装置的由随车机械师做好防溜、防护工作。

(3)列车长应立即指挥列车所有的工作人员按照应急处理预案进行处置,公安乘警、随车机械师等列车工作人员应积极配合;同时,组织事故车厢的旅客向其他车厢疏散。

(4)待全部人员向安全车厢疏散完毕,火势仍未得到有效控制,须向地面疏散时,列车长应立即通知司机、随车机械师或其他列车工作人员关闭通道防火隔离门。司机根据列车长的请求,向列车调度员报告,请求向地面疏散,现场救援。

(5)组织旅客疏散时,必须扣停邻线列车。司机在接到列车调度员已扣停邻线列车的命令后,立即通知列车长,列车长接到司机通知后应立即指挥列车工作人员打开车门,根据需要安装好应急梯,组织旅客向地面安全地带疏散。

(6)如遇火灾危及旅客安全,又未能及时接到扣停邻线列车的命令,列车长应会同司机,组织列车工作人员打开运行方向左侧车门(非会车侧),结合现场实际,确定旅客疏散方向和疏散方式,列车工作人员应做好旅客安全宣传和防护,严禁旅客跨越线路。

(7)列车工作人员应组织好旅客有序疏散,维持好现场秩序,防止发生混乱,并照顾好重点旅客确保人员安全。

(8)要动员旅客中的医护人员和列车工作人员对受伤旅客开展紧急救护,并做好对重点旅客的服务工作。

(9)列车长要了解和掌握旅客伤亡、财产损失情况,并做详细记录,为车站善后事宜提供依据,做好准备。列车工作人员应积极配合公安部门保护好事故现场,协助公安人员调查取证,提供线索。

(10)协助车站处理善后事宜。列车长要将掌握的情况及相关记录,及时移交车站或有关部门,以便尽快处理善后事宜。

(11) 遇上述应急状况发生时，由调度所客运调度员（客服调度员）通知客服中心解答口径，以便客服代表回复旅客的咨询和投诉。

（二）动车组列车晚点的应急处置程序

(1) 动车组在始发及运行途中出现故障晚点时，列车长要及时联系铁路局集团公司动车调度，了解晚点原因等，报告车内情况和请求协助解决的问题，组织乘务员积极主动做好服务。铁路局集团公司动车调度根据自然灾害、设备故障、施工等情况将晚点原因及预计晚点时间在30min内通知客运部在调度台负责非正常处理的人员，客运部人员向值乘列车长告知晚点原因和预计晚点时间，列车长据此通过广播向旅客告知故障原因和预计晚点时间。

(2) 广播致歉。列车晚点15min以上时，列车长应向旅客致歉并告知故障原因，做好解释工作，每次广播致歉词间隔为30min。广播内容应该包括列车当前晚点时间、晚点原因；发生线路中断时还应通报预计恢复通车（继续晚点）和列车推行、绕行、停运等调整列车运行方案信息。

(3) 加强巡视。乘警应与列车长密切配合，经常巡视车厢，维持好车内治安秩序，向旅客做好解释宣传工作。列车长要了解和掌握旅客提出的要求，并向铁路局集团公司进行反馈，铁路局集团公司及沿途站车单位应尽全力向旅客提供帮助，解决因列车故障及晚点给旅客带来的困难。

(4) 耐心解释。列车工作人员应加强车厢巡视，掌握旅客动态，并做好宣传、解释、服务工作，稳定旅客情绪，维护好车内秩序，不讲不利于铁路的话，不得使用服务忌语。

(5) 主动服务。列车晚点1h以上且逢用餐时间，列车长应提前统计车上旅客人数，通过司机向列车调度员报告，列车调度员通知调度所客运调度员（客服调度员），或直接向调度所客运调度员（客服调度员）报告，调度所客运调度员（客服调度员）接到信息后，应安排前方停车站为列车提供饮食品，列车免费为旅客提供。通过服务弥补旅客的不满，取得旅客的谅解。

(6) 报告情况。列车发生晚点，列车长要在第一时间向领导汇报。晚点超过30min的，列车长要及时与所在铁路局集团公司客运调度员和停留站联系，报告车内情况和请求协助解决。

(7) 妥善安排。列车长要及时了解旅客需求，对于需要中转换乘其他列车或其他交通运输工具及有紧急公务、商务的旅客，要认真详细地做好登记，并按规定与车站办理交接手续，妥善处理和安排。

（三）动车组列车发生重大疫情时的应急处置程序

(1) 动车组列车发现疑似鼠疫、霍乱等重大疫情的病例或接到动车组列车上有疑似病例的通知时，列车长、乘警应立即向司机和上级主管部门报告，司机向列车调度员报告，列车调度员立即向值班主任报告，值班主任立即向铁路疾控部门报告。

(2) 列车调度员根据铁路局集团公司有关部门确定的处置方案，安排动车组在指定车站停车。列车长接到司机指定站停车的通知后，做好疾控人员上车和疑似病例交站等相关准备工作，车站及铁路疾控部门做好接车紧急处置准备。

(3) 列车长、乘警应组织隔离传染病人、疑似病人和密切接触者，紧急疏散其他旅客，并对有关人员进行登记。

(4) 列车长、乘警应组织封锁已经污染或可能污染的区域，同时做好被隔离人员的交站准备。

(5) 列车长在指定停车站将传染病人、疑似病人、密切接触者和其他需要跟踪观察的旅客及相关资料移交车站和铁路疾控部门。

(6) 乘警应维护好车内秩序,确保区域封锁、旅客隔离、站车移交等工作正常开展。

(7) 铁路疾控部门应上车对已经污染或可能污染的区域进行全面有效的防疫、消毒处理。铁路疾控部门确认处置完毕后,方可解除区域封锁。

(8) 站车应积极配合现场的医疗和疾控部门工作。

(9) 遇上述应急状况发生时,由调度所客运调度员(客服调度员)通知客服中心解答口径,以便客服代表回复旅客的咨询和投诉。

(四) 发生旅客食物中毒事件时的处置程序

(1) 及时报告。动车组列车发生旅客疑似食物中毒事件时,列车长应立即向司机和上级主管部门报告,司机向列车调度员报告,列车调度员立即向值班主任报告,值班主任通知铁路疾控部门。报告内容包括日期、车次、运行区段、发病时间、地点、病人主要症状、人数(包括危重和死亡人数)、可能引起中毒的实物、要求车站采取的措施等。

(2) 停车交接。旅客需要在停站紧急救治处置时,列车调度员应安排动车组在最近具备医疗抢救条件的车站停车,并通知前方停车站做好抢救准备。

(3) 保护现场。列车工作人员应对有关人员进行登记,封锁现场,封存可疑食品、饮用水、食具用具等(如旅客食用过列车出售的食品,应立即停止出售可疑食物),等待铁路疾控部门上车收集中毒人员的呕吐物、排泄物待检验。站车应积极配合现场的医疗和疾控部门工作。

(4) 调查取证。应向发病人(同行人)周围旅客及有关人员调查发病原因及食用的食物,出具书面证明材料。

(5) 遇上述应急状况发生时,由调度所客运调度员(客服调度员)通知客服中心解答口径,以便客服代表回复旅客的咨询和投诉。

(五) 动车组列车故障需启用热备动车组的应急处置程序

1. 站内换乘热备动车组的处置程序

(1) 遇动车组车体定员变化时,客票管理所负责预留替换席位,车站应及时按照替换方案为涉及定员变化的旅客收回原票、换发新票。一等座变更二等座时退还票价差额,二等座变更一等座时不向旅客补收票款。旅客要求退票或改乘其他列车时,车站应及时为旅客办理退票、改签等手续,并尽可能地改签为有座位车票,退票和改签均不收取手续费。

(2) 故障车停靠站台时,换乘时应尽可能安排在同一站台面。若不能在同一站台面换乘时,应组织旅客通过天桥或地道换乘,严禁跨越股道换乘。故障车在站内没有停靠站台时,换乘处置程序比照区间换乘热备动车组的处置程序办理。

(3) 换乘时,站车应认真组织验票,严禁持其他车次车票的旅客上车。

(4) 遇上述应急状况发生时,由调度所客运调度员(客服调度员)通知客服中心解答口径,以便客服代表回复旅客的咨询和投诉。

2. 区间换乘热备动车组的处置程序

(1) 列车长接到司机转达的组织旅客换乘热备动车组的命令时,应立即向列车工作人员传达,列车工作人员应检查车内情况,坚守岗位。

(2)列车应向旅客通告换乘的决定,告知安全注意事项,并对列车不能如期运行给旅客出行造成的不便,列车长应代表铁路部门向旅客致歉,并感谢旅客的配合,做好后续服务工作,取得旅客的支持与谅解。

(3)救援动车组列车到达指定位置,由现场救援指挥负责人统一指挥,救援动车组司机和列车长负责对准故障动车组车门。救援动车组停稳后,救援动车组司机通知救援动车组列车长和被救援动车组列车长,救援动车组列车长与被救援动车组列车长联系确认后组织乘务组人员手动打开指定车厢车门(随车机械师配合),放置好渡板(CRH5A 型动车组无应急梯或渡板),会同公安、客运等应急人员共同做好防护,组织旅客有序换乘。对由于线路、动车组重联等无法实现各车厢车门对位时,应使用应急梯。安设 2 个及以下应急梯或渡板时,救援动车组列车长负责组织放置;放置超过 2 个应急梯或渡板时,救援动车组列车长负责组织放置 2 个,被救援动车组列车长负责组织放置其他应急梯或渡板。

(4)在换乘过程中,动车组禁止移动。旅客换乘完毕,被救援动车组列车长组织乘务组人员对全列进行检查确认后,通知救援动车组列车长换乘完毕。救援动车组列车工作人员将应急梯或渡板收好定位存放,列车长确认所有工作人员及旅客均已上车后,关闭车门并报告救援动车组司机具备开车条件。被救援动车组乘务组人员将应急梯或渡板收好定位存放,关闭车门并报告被救援动车组司机。

(5)在隧道内换乘时,列车调度员通知相关工务段操作开启隧道内的应急照明装置,隧道内的应急照明装置应设置远动开关。

(6)遇上述应急状况发生时,由调度所客运调度员(客服调度员)通知客服中心解答口径,以便客服代表回复旅客的咨询和投诉。

(六)恶劣天气下客运组织应急处置程序

因恶劣天气(含暴雨、大雾、大雪、冰雹、台风等)影响动车组列车正常运行,调度所客运调度员(客服调度员)应及时通知客运管理部门及沿线车站及滞留列车,客运管理部门应了解现场情况,指挥应急处置,站车及时公告旅客并致歉。

(1)列车长接到调度所客运调度员(客服调度员)或上级主管部门动车组列车因恶劣天气影响非正常运行的通知后,应立即了解车内情况,加强对重点旅客的服务。出现异常情况及时向调度所客运调度员(客服调度员)或上级主管部门报告。

(2)列车长应与司机或滞留地所在路局调度所客运调度员(客服调度员)保持联系,了解动车组列车的运行情况,及时向旅客通报。

(3)动车组列车应备足餐食和饮用水,确保供应。需补充餐食和饮用水时,列车长应向滞留地所在路局调度所客运调度员(客服调度员)或通过司机向列车调度员报告,指定车站为动车组列车补充餐食和饮用水。

(4)遇上述应急状况发生时,由调度所客运调度员(客服调度员)通知客服中心解答口径,以便客服代表回复旅客的咨询和投诉。

(七)动车组空调失效时应急处置程序

(1)动车组空调装置故障超过 20min,且应急通风功能失效或无法满足要求时,随车机械师及时通知列车长。列车长视车内温度及通风情况做出打开车门的决定,并通知动车组司机转报列车调度员。

(2)需要打开列车部分车门运行时,列车长通知动车组司机向列车调度员提出在前方站停车请求。

(3)列车长根据动车组乘务员配置情况,组织打开运行方向左侧(非会车侧)4~8个车厢前门,并在车门处安装防护网。需要打开车门时,列车长根据需要打开车门数量通知随车机械师准备好防护网,并指派保洁员到存放处领取防护网,防护网的安装在列车长的组织下,由乘警、随车机械师、餐饮服务人员、保洁人员配合。

(4)防护网安装后,由列车长组织乘警、随车机械师、添乘干部、餐饮服务人员、保洁人员负责值守,严禁旅客自行下车。动车组乘警在第一时间通知前方停车站(区间)所属公安处,由公安处负责第一时间通知停车站(区间)所属派出所指派警力,配合动车组工作人员。

(5)列车长确认值守人员到位后,通知随车机械师。随车机械师确认防护网固定状态和动车组状态后,通知动车组司机。动车组司机向列车调度员申请打开车门限速运行的调度命令。列车调度员向沿途各站及司机下达"×次因空调失效开放部分车门运行,限速60km/h(通过高站台时限速40km/h运行)"的调度命令。

(八)运行途中旅客急病(伤害)须停车抢救时应急处置

列车运行途中旅客急病或受到人身伤害时,列车乘务员有积极救助的义务,必须全力以赴予以救治。

(1)迅速到场。当列车上有突发旅客急病时,列车长要第一时间到场,同时通知乘警到场。

(2)广播寻医。广播寻找医务工作人员配合救治旅客,列车长在现场会同医生实施急救。

(3)了解情况。列车长及时了解急病(伤害)旅客的主要症状,问询病人有无病史详细掌握和记载旅客基本情况、发病时间、病情、急救过程、有无同行人等情况。

(4)请示停车。在危及旅客生命安全或必须立即下车治疗时,列车长向司机报告,司机接到列车长的请求后,立即向列车调度员或车站值班员报告,请示临时停车移交旅客并要求动车调度、车站联系救护车进站接患事宜。同时,向段调度室报告情况。

(5)收集旁证。列车长应会同乘警收集旁证、物证,调查受伤(死亡)原因。采集见证人证实材料不少于2份,对参加抢救医生的姓名、单位、电话进行登记,根据有效证件确定伤亡者姓名、单位、住址。

(6)站车交接。停车前列车长应编制客运记录,在旅客下车站进行交接。列车乘务员不下车参与处理。特殊情况,来不及移交相关材料的,3日内向受理车站补交。

(7)及时汇报。处理完毕,列车长应立即向单位领导进行汇报。

(九)对重号旅客的安排处置

因售票系统或售票组织等原因,可能会出现持重号车票的旅客。

(1)遇有重号的旅客,列车乘务员应认真核对两位旅客车票,如果确认是重复的座位号码,应先向旅客致歉,听取两名旅客的意见,仔细观察哪一名旅客有想调换其他座位的意向。

(2)乘务员应及时报告列车长,列车长根据旅客人数判断同等级车厢是否有空座,尽量安排旅客尽快就座。不可以让旅客自行在车厢内寻找空位就座,以免造成旅客座位号码再次重复而引起旅客不满甚至导致投诉等。

(3)车内旅客较多的情况下,不便当时处理的,乘务员可以帮助重号旅客(或后到的重号旅客)提拿行李,到适当的位置稍加等候,等全部旅客上齐后,让重号旅客在相同车厢等级的基础上,协助旅客选择空余座位入座。

(4)确定旅客人数不是很多的情况下可以征求旅客的意见,喜欢就座靠过道还是靠窗户的座位,尽量满足旅客要求。

(5)如在开车后发现车站售票系统故障导致售票错误(重号、超票额售票)时,应对误售旅客利用剩余座位进行妥善安置(可不受车厢、席别限制),主动向旅客做好解释工作,并向路局客运调度员汇报。

(6)属于售票系统较大故障不能正常按票额发售有座位票,导致旅客乘车秩序混乱(车票无座号、无票人员较多时),列车长要以大局为重,积极与车站联系,组织列车工作人员(必要时可请乘警、保洁人员协助),有条件时安排每车厢一人,对旅客进行疏导,安排座位,要首先保证重点旅客的安置。遇车内出现严重问题或局面不好控制时,要及时向路局汇报。

(十)动车组列车发生旅客误按紧急制动阀或报警按钮的应急处理

(1)动车组列车发生旅客误按紧急报警按钮时,列车乘务员应了解情况,根据乘车信息系统显示,及时将紧急阀复位(吸烟报警时,列车长第一时间到场确认,并及时与司机沟通情况)。

(2)通过车载电话与司机说明情况,说明停车原因。

(3)会同乘警了解当事旅客姓名、地址、身份证号码、联系电话和事情经过,并形成详细的书面记录。

(4)及时了解停车后车厢旅客情况,发生旅客意外时按照因意外造成旅客伤害处理。

(5)及时向单位领导汇报。

注:因吸烟引起报警应急处置程序同上。

(十一)动车组列车发生旅客集体拒绝下车的应急处理

(1)车站在接到因动车组列车晚点旅客集体拒绝下车的信息时,车站站长(副站长)及有关车间干部要立即赶到现场,了解情况,亲自指挥,立即组织部署客运、公安增加人员接车。

(2)公安段(派出所)在接到车站通知后,要立即组织足够力量到现场维持秩序。

(3)动车组列车晚点到达后,车站应组织有关人员向旅客做耐心的解释工作,尽快组织旅客下车出站;对拒绝下车的旅客,全力做劝说工作,请旅客下车到专门地点进行处理。

(4)列车工作人员应协助车站工作人员做好说服解释工作。

(5)因晚点造成旅客没有赶上所乘列车时,车站安排人员及时为旅客按章办理改签、退票手续。

(6)旅客因晚点集体拒绝下车事件处理情况,车站应及时向客运调度员汇报,处理完毕向客运部汇报。

(7)处理发生旅客滞留列车时应注意的问题:

①发生旅客以滞留列车的方式向铁路要求晚点或空调故障赔偿时,站车工作人员应当以说服劝解、诚恳道歉为主,耐心、细致地做好解释工作和相关法律法规的宣传工作,稳定旅客情绪,化解旅客怨气,力争取得旅客的理解和配合。

②公安部门要积极配合客运部门,认真开展滞留旅客的说服工作,争取理解和支持。同时,要向旅客宣传法律知识,告知旅客可以通过其他合法渠道和方式维护合法权益,劝说旅客听从车站工作人员的安排到指定地点协商解决,并协助车站工作人员引导旅客下车。

③公安部门在全力协助过程中,严禁携带枪支。客运部门在宣传和说服旅客离开车厢时,现场应有公安人员维持秩序,经反复工作劝离无效时,公安人员应宣布《关于严禁旅客滞留列车维护铁路运输秩序和安全的通知》,并组织足够的公安警力,对拒不下车的人员依法采取措施带离车厢。对煽动旅客滞留车厢和扰乱列车治安、破坏铁路运输秩序、用暴力手段对抗执法的个别人员,要认真调查取证,依法追究其法律责任。劝阻过程中应依法依规,有理有节,文明执法。

(十二)动车组列车车门发生故障的应急处理

(1)列车到站,司机操作门释放和开门按钮后,要从司机室 IDU 上确认全列车门是否"释放"打开,如未"释放",及时使用对讲机通知列车长,列车长通知各车门监控人员使用三角钥匙采取本地操作的手动模式开、关车门。

(2)列车到站,如发生个别车门未自动开启,且监控人员使用三角钥匙本地操作的手动模式开门无效时,监控人员要及时使用对讲机通知列车长,并宣传引导旅客到相邻车门下车。列车长接到汇报后,立即和司机联系,并与随车机械师赶到现场处理。随车机械师确认车门故障一时无法修复时将该门隔离并通知列车长,此后各停靠站均引导旅客到相邻车门上、下车。随车机械师确认车门修复后告知列车长,列车长确认旅客乘降完毕后通知司机发车。

(3)列车开车如遇有车门未自动闭合时,比照上面两条汇报处置程序办理。

(4)因车门故障导致旅客越站时,列车长按规定与车站办理交接,无须下车处理后续事宜。

(5)因车门故障导致旅客无法正常上下车时,由列车长、乘警、列车工作人员配合,认真开展旅客的宣传和安抚工作,劝导旅客保持冷静、看好行李、听从站车工作人员的指挥。

(十三)动车组列车临时停靠低站台时的应急处理

1. 列车的处理

(1)动车组列车进站前或已知列车在中间站变更到发线停车在低站台停车时,列车乘务员应认真进行车门瞭望,确认站台位置和车站采取的应急措施后,打开车门后列车乘务员要先行下车立岗,方可组织旅客乘降,保证旅客安全。

(2)遇特殊原因,列车需在无站台停车或列车尾部未靠站台停车时,列车乘务员要先确认邻线有无列车通过、有无危及人身安全障碍物和车站采取的应急措施后,在有车站工作人员接车的一侧组织旅客乘降,打开车门后列车乘务员要先行下车立岗,保证旅客安全。

2. 车站的处理

(1)车站应按动车组车门数量配备相应数量的木梯,梯面加装橡胶防滑垫,妥善保存以备应急。

(2)车站运转室接到动车组进入低站台的通知后,应立即通知值班站长和客运广播室,广播室要加强与运转集中楼联系,确认动车组列车进入股道及停靠站台,并及时通知客运值班员及有关作业人员。

(3)接到通知后,车站值班员、客运值班员、执勤民警及其他人员要做好接车前的各项准备工作,提前20min上岗,到达指定位置,并巡视责任区范围内站台、线路有无闲杂车辆、物品、人员,做到清理及时。

(4)客运接车人员上岗要携带便于旅客上下的木梯等备品,根据停车标,确定木梯放置位置,做好旅客乘降的准备工作。

(5)检票口要做好对旅客的宣传组织工作,检票前告知旅客动车组即将停靠的站台,宣传站台上车注意事项,检票后要有专人引导旅客到达指定站台。

(6)客运接车人员对进入站台等候上车的动车组旅客要按照停车位置组织排队上车。列车进站前、停稳后放好扶梯,协助旅客上下。

(7)旅客上下完毕要及时撤下木梯,将乘降梯撤离至安全线以外,防止木梯掉下站台危及行车安全。

(8)遇雨、雪、雾不良天气,客运接车人员要做好必要的防护准备。

(9)动车组在低站台停靠时,客运值班员必须亲自上岗指挥,盯控作业全过程,确保旅客乘降安全。

(十四)动车组列车发现危险品的应急处置

(1)列车乘务员日常工作中要严格落实"宣、看、听、闻、查"五字防范措施,尽量防止旅客将危险品带上车。

(2)在车厢巡视过程中,若发现危险品,乘务员首先要判明情况,并立即通知列车长和乘警,乘务员不得擅自处理。

(3)列车长和乘警到场后,首先判明物品性质,禁止脚踢、手捏等行为,对于烟花爆竹类的危险品要立即浸水处理。

(4)对于性质不明或者数量较大、危险性较大的危险品,应立即进行隔离,到站后由乘警移交车站公安派出所进行处理。

(5)处理时,列车长应立即向单位进行汇报,并按照上级的指示妥善做好处理。

(十五)动车组防止旅客过站应急处置

(1)动车组中途站站停时间短(1min),为确保旅客安全、有序乘降,防止将下车旅客拉过站,在列车始发后5min和中途站到站前10min进行广播宣传、提示。

(2)不相邻的单节车厢(如3、5、7车),中途站下车旅客超过20人时,列车长在到站前10min核实各节车厢车门口下车人数后,要求乘务员、随车机械师对旅客下车多的车门重点掌握,到站前5min,将车门下车多的旅客分流到本车厢两端的下车门;下车旅客超过30人时,应将车门下车多的旅客分流到本节车厢和前后相邻车厢的下车门,尽可能做到合理分流、均衡下车。

(3)相邻的多节车厢(如3、4、5车),中途站下车旅客均超过20人或全列中途站下车旅客超过 120 人时,列车长应根据各车厢在中途站的下车旅客人数,制订疏导旅客均衡下车的分流预案,在到达中途站前 30min,通知乘务员必须在到站前 10min 内,按预案要求,将责任车厢的下车旅客,按告知的人数分流引导到指定车门等候下车;同时通过电话向有关中途站(客运室、客运值班主任)通报各车门旅客下车人数,要求车站协助妥善组织乘降,避免旅客对流。

(4)列车长在动车组到站前 10min,利用 2 号车厢的车载电话向旅客通告到站和站停时间,提示旅客做好下车准备及有关注意事项;按第 2、3 条规定的分流原则将下车旅客组织到车门口等候下车,对下车的重点旅客提供重点帮助。

(5)列车长通告完成后,由 1 号车厢向 8 号车厢方向,逐车厢检查巡视乘务员分流到岗情况和下车旅客均衡度;对下车旅客相对集中的车厢安排人员,加强组织力量,做好疏导工作,向列车员和随车机械师做好提示。

(6)列车乘务员、随车机械师按分工到岗,停靠低站台时将车门翻板打开并加锁,站在车厢的中部,监控两端车门,观察旅客乘降情况,随时处理突发问题。车门集控失效时立即手动解锁车门。

(7)列车站停 40s 旅客仍未乘降完毕,列车乘务员应用对讲机向列车长报告,用语为"×车仍有×人未下车",列车长回答"明白",列车长在确认全列乘降完毕,并已站停 50s 的情况下,按规定的程序、用语通知司机关闭车门。

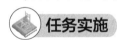
任务实施

动车组列车发生火灾爆炸的应急处置

2018 年 1 月 × 日,××铁路局集团公司××客运段担当青岛—杭州东的 G281 次列车值乘任务,列车在定远站临时停车后,2 号车厢下部突发火情。G281 次列车在定远站临时停车后,列车长宋某接到通知后立即赶到 2 号车厢,当闻到车厢内有一股轻度胶皮味并伴随着浓度越多越大时,职业习惯让地迅速开始排查 2 号车厢的角角落落。当看到 2 号车厢窗外车辆下部冒出白烟和听到车站值班员呼叫后,迅速判断列车发生火情了,而且起火点不在车内。事不宜迟,宋某迅速启动动车组列车突发火情应急预案,并将现场情况向相关部门报告。

列车长宋某迅速组织 2 号车厢和 3 号车厢乘务员,快速将 2 号车厢 48 名旅客向 3 号车厢以远位置疏散。在得到 2 号车底下部有明火的通知后,宋某决定进一步扩大疏散范围,带领乘务员将 1 号车厢、3 号车厢 38 名旅客全部疏散到 4 号车厢以远位置。3 个车厢旅客疏散完毕后,宋某冒着危险,再次返回 1 号、2 号、3 号车厢进行检查,确认旅客全部疏散完毕。

当接到下车扑救火情的调度命令后,宋某组织 5 名乘务员将分布在其他车厢的 26 个灭火器快速传递并集中到 1 号车厢,打开车门做好防护,将灭火器传递给在车下实施灭火的随车机械师和乘警。同时,安排人员关闭 2 号车厢防火隔断门,组织乘务人员深入车厢安抚旅客。在地方消防部门赶到现场后,继续配合消防队开展火情扑救工作。

在得到向车下疏散旅客的调度命令后,宋某选择距 2 号起火车厢较远的位置,组织乘务员打开车门,安排车上工作人员和车站工作人员组织车上旅客有序向车下疏散。986 名旅客在37min内被安全转移到车下安全地点。旅客安全转移后,列车长宋某再次巡视检查,确认旅客是否全部安全转移,最后组织全体乘务员离开列车。

火情得到控制后,考虑到车上还有部分行李物品,旅客没有来得及带下车,宋某向京沪高铁调度请求上车。在得到准许上车并封锁股道的调度命令后,组织全体乘务员再次返回列车,认真检查车厢的每个角落,仔细搜索行李架、座椅、大件行李存放处等部位,最终收集旅客遗留行李38件。在定远站的大力协助下,列车长宋某组织清点核对并登记造册,安排专人负责看守,旅客登乘热备车底前,通过询问比对、形状辨认等方式,将遗留行李发放给旅客,做到了零遗留、零误差。

处置要点:判明情况、赶赴现场、判明停车、转移旅客、迅速扑救、隔离车厢、疏散旅客、请求扑救、清点人数、旅客转运、保护现场、逐级上报、恢复行车。

处置过程分析:

(1)列车工作人员发现或接到旅客反映车厢内有冒烟、明火、爆炸或消防设施报警时,应立即赶赴现场、判明情况、疏导旅客、组织扑救,并在第一时间向列车长汇报。

(2)在确认危及行车和旅客安全时,现场列车工作人员(列车长、随车机械师、乘警、乘务员)应立即按下紧急制动按钮或拉下紧急制动装置。列车长接到报告后,要立即在第一时间通知司机。

(3)接到报警后,列车长要立即通知随车机械师、乘警一同赶赴现场,启动应急处置预案。通知乘务员、保洁人员、餐饮服务人员做好灭火器传递和疏散旅客的准备。

(4)不停车处置:通过现场确认,因旅客吸烟或误按火灾报警按钮等非火情导致报警时,随车机械师按规定进行处置,并通知司机恢复正常速度运行。司机报告列车调度员(车站值班员)。列车长按信息上报有关规定进行上报。

立即停车处置:通过现场确认,判明火情或爆炸危及行车和旅客安全,必须立即紧急停车处理时,列车长或随车机械师立即通知司机,由司机根据线路及列车运行情况,选择停车地点停车(停车地点应尽量避开长大桥梁、隧道和困难分相地段,便于旅客疏散和邻近救援),司机同时报告列车调度员或车站值班员,车站值班员报告列车调度员。列车调度员(车站值班员)接到报告后,立即扣停邻线、本线后续列车。随车机械师根据火情或爆炸确认接触网需要停电时,通知司机报告列车调度员(车站值班员),列车调度员确认具备停电条件后通知供电调度员停电。

前方站停车处置:通过现场确认,列车长会同随车机械师判明火情或爆炸对行车和旅客安全暂不能构成直接威胁时,列车需要在前方站停车处理时,向司机报告情况后,由司机请示列车调度员在最近前方站停车处理。司机报告列车调度员或车站值班员,车站值班员报告列车调度员。列车调度员(车站值班员)接到司机最近前方站停车处理的请求后,应立即组织前方站停车.特殊情况可安排在有站台的其他线路停车(来不及变更时除外),必要时可组织其他停留列车腾空线路。另外,列车调度员还应通知前方站提前做好应急救援准备工作,站内停车救火期间相邻线路禁止停留(运行)其他列车。当列车调度员得到发生火情的列车已停妥(重联动车组列大解编时解编完毕)、其他列车具备停电条件后,通知供电调度员对本线及相邻线路停电。

(5)列车工作人员要本着"先救人、后救物"的原则,组织将发生火情车厢的旅客有序地向两侧车厢疏散转移。如条件允许，尽可能组织旅客有序地向非火势蔓延方向的车厢疏散转移，防止火借风势蔓延到后续车厢。

(6) 列车长在转移旅客的同时，要迅速组织乘警、随车机械师等列车工作人员确保救火通道畅通，组织乘务员、保洁人员、餐饮服务人员迅速及时地传递灭火器，高效有序地扑灭初期火情。

(7) 当火势无法控制时，列车长在确保事故车厢旅客和列车工作人员全部疏散转移完毕后，应立即组织列车工作人员关闭起火车厢两端防火隔断门，阻止火势向相邻车厢蔓延。

(8) 当动车组列车在车站靠站台停车时，列车停妥后，列车长要立即通知司机打开靠站台侧车门，引导旅客迅速下车，站、车协调共同将旅客向远离起火车厢方向撤离。特殊情况，列车长要通知列车工作人员手动打开车门，组织旅客向远离起火车厢方向疏散。

(9) 动车组列车临时停车时，随车机械师应根据现场情况，决定是否通知司机断电降弓。有停放制动装置的动车组，司机将动车组处于停放制动状态；动车组无停放制动装置或在坡度为20‰及以上的区段时，司机通知随车机械师进行防溜，并按规定做好列车防护工作。

(10) 列车长、随车机械师、乘警要根据现场火势大小扑救难易程度、影响范围等综合因素判断，如需要地面扑救力量支援时，应立即通过司机报告列车调度员（车站值班员）。

(11) 根据需要，列车长可向客运调度员请求联系医务人员。客运调度员应指示就近车站拨打当地"120"急救电话，车站等有关单位接到调度通知后，应立即组织本单位工作人员赶赴现场，车站第一时间拨打当地"120"急救电话，说明旅客伤害程度、数量及交通地点、交通条件和相关的地形地貌特征等情况，协助做好伤员救助工作。

(12) 列车工作人员要详细清点旅客人数、去向，对重点旅客及特殊旅客情况进行逐人登记，维护秩序，安抚、劝导旅客耐心等待救援。

(13) 当事故列车无法继续运行时，列车工作人员要配合车站工作人员组织受困旅客，有序乘坐其他旅客列车或运输工具到达目的地。

(14) 列车工作人员应积极配合公安部门保护事故现场，协助调查取证。配合公安部门维护现场秩序，禁止无关人员进入现场，同时不得擅自移动火场中的任何物品，对火灾痕迹和物证，应采取有效措施，妥善保护。

(15) 列车长、随车机械师、乘警、司机及车站要按照应急处置信息汇报的有关制度要求，及时汇报火灾、爆炸事故信息，并随时注意搜集情况，保持信息畅通，做好后续处置工作。

(16) 爆炸或火情处理完毕，列车调度员（车站值班员）组织工务、电务、供电、房建等部门对有关固定行车设备进行检查。

复习思考题

1. 什么是客运记录？
2. 客运记录的用途是什么？
3. 客运记录填写有哪些注意事项？
4. 什么是铁路电报？
5. 铁路电报有哪些等级？

6. 拍发铁路电报时,什么是主送单位?什么是抄送单位?
7. 电路中断后对旅客如何安排?
8. 旅客人身伤害事故的种类有哪些?
9. 旅客人身伤害事故等级有哪些?
10. 旅客人身伤害事故责任有哪些种类?
11. 什么是铁路应急预案?
12. 发生行车中断时高速铁路客运站对滞留旅客的组织处置程序?
13. 简述因天气不良或其他原因造成动车组列车晚点时车站的应急处置程序。
14. 简述高速铁路客运站遇台风、暴雨等恶劣天气时的应急处置程序。
15. 简述高速铁路客运站突然停电的应急处置程序。
16. 简述售票系统故障时车站应急处置程序。
17. 简述高速铁路客运站客运服务系统故障的应急处置程序。
18. 简述高速铁路客运站自动检票系统故障的应急处置程序。
19. 简述动车组列车发生火灾、爆炸时的应急处置程序。
20. 简述动车组列车晚点的应急处置程序。
21. 简述动车组列车发生重大疫情时的应急处置程序。
22. 简述动车组列车发生旅客食物中毒事件时的处置程序。
23. 简述动车组列车故障需启用热备动车组的应急处置程序。
24. 简述动车组列车恶劣天气下客运组织应急处置程序。
25. 简述动车组空调失效时应急处置程序。
26. 简述动车组列车运行途中旅客急病(伤害)须停车抢救时应急处置程序。
27. 简述动车组列车对座位号有误旅客的安排处置程序。
28. 简述动车组列车发生旅客误按紧急制动阀或报警按钮的应急处置程序。
29. 简述动车组列车临时停靠低站台时的应急处置程序。
30. 简述动车组列车运行中发生事故,旅客需紧急逃生时的应急处置程序。
31. 简述动车组防止旅客过站应急处置程序。

项目5 高速铁路节假日和新老兵客运组织

项目描述

节假日客流增长较大,时间集中,图定列车无法满足客流的运输需要,要求客运组织必须适应节假日运输特点;新老兵运输任务涉及部门多、时间紧、要求高、组织难度大,必须周密计划,统筹安排,优质服务,圆满地完成运输任务。

任务5.1 高速铁路节假日客运组织

教学目标

◇ 知识目标
1. 掌握高速铁路春、暑运客流特点和客运组织方法。
2. 掌握高速铁路旅游列车运输组织特点和影响因素。

◇ 技能目标
1. 能够针对春、暑运时期的大客流进行科学组织。
2. 能够针对旅游客流进行科学组织。

任务导入

2021年7月1日,全国铁路暑运启动。中国铁路郑州局集团有限公司(以下简称郑州局集团公司)根据市场调查,将在暑运高峰日加开临客55.5对[其中高铁列车(含城际)43.5对、普速列车12对],满足旅客出行需求。

在暑运期间,郑州局集团公司管内客流以旅游观光、休闲度假、学生客流为主,其中旅游客流贯穿整个暑运。根据市场调查和车票预售分析,客流主要集中在京广、陇海、京沪等干线,流向集中于上海、桂林、成都、哈尔滨等城市。暑运期间,郑州局集团公司预计发送旅客2611.5万人次,日均发送旅客42.1万人次。

为满足旅客暑期出行需求,郑州局集团公司进一步优化运力、扩充运能、完善服务,在旅客出行的重点方向和重点线路实行高速铁路列车长编组运行、动车组重联运行、城际列车公交化开行等方案,最大限度地增加热门方向运输能力。暑运期间,郑州局集团公司高峰日开行旅客列车将达到520.5对,其中图定列车465对、临客列车55.5对。

暑运期间,郑州局集团公司管内各大客运站将增加自助售(取)票机引导人员,方便旅客购取票;优化铁路畅行常旅客会员、扫码支付、重点旅客绿色通道和急客通道等多项服务措施,增开高峰时段旅客刷脸进站、人工实名制验证通道,加大安检查危力度,加强旅客密集出行区域客流组织,确保旅客安全、便捷出行。

众所周知,节假日期间是旅客出行高峰期,铁路管理部门应该加强管理和组织,确保旅客安全有序出行。

请同学们思考:

在节假日期间应该如何进行旅客运输组织?

理论知识

1999年9月,国务院出台新的法定休假制度,每年国庆节、春节、五一法定节日加上倒休,全国放假7天,从此,3个"黄金周"掀起的旅游消费热成为我国经济生活的新亮点,假日经济成为人们津津乐道的新话题。2007年,国务院在征集各界意见的基础上,颁布《全国年节及纪念日放假办法》,新增清明节、端午节、中秋节为国家法定节假日,于2008年1月1日起施行。2013年12月11日,国务院对《全国年节及纪念日放假办法》再次进行修订,制定了现在实行的假期制度,自2014年1月1日起施行。

我国全体公民法定放假的节日:

(1)元旦,放假1天(1月1日)。

(2)春节,放假3天(农历正月初一、初二、初三)。

(3)清明节,放假1天(农历清明当日)。

(4)劳动节,放假1天(5月1日)。

(5)端午节,放假1天(农历端午当日)。

(6)中秋节,放假1天(农历中秋当日)。

(7)国庆节,放假3天(10月1日、2日、3日)。

目前,我国全年法定节假日已经达到11天,加上全年双休日104天,我国全年公休假已经达到115天,这几乎占全年的三分之一,再加上国家规定的带薪年假,部分人的假期会达到130天左右。2019年"五一"小长假期间,全国铁路累计发送旅客7270万人次;"十一"黄金周期间,全国铁路累计发送旅客1.38亿人次。2019年春节期间,全国铁路累计发送旅客4.1亿人次。

由于节假日期间,客流量在短时间内增长较大,而且往往是单向流动,所以仅仅开行图定列车已无法满足巨大的客流出行需要,必须依靠增开临客或加挂车辆来增加铁路运输能力。随着越来越多的高速铁路运营通车,铁路客运产品类型和数量的增加,整体客流量和客流高峰期数量越来越多,给铁路旅客运输组织与管理带来了巨大的挑战。这就要求铁路部门在运输组织、站车管理、临客组织、机车车辆运用及安全管理和治安保卫等方面适应节假日旅客运输的特点。

一、节假日客流形成的主要因素

在正常的生产、生活出行需求外,公休年假(包括法定假期和公休日)和带薪年假的存在,给人们带来了更多的出行机会,成为旅客出行的特殊性时间段,也是旅客出行的高峰时期。其主要原因包括如下:

(1)经济因素。伴随着我国经济的迅猛发展,居民生活水平显著提高,人们消费观念发生变化,出行的意愿也随之增多。国内人口流动加速、人均年出行次数增加,客观上形成了较大的客流量,这是高峰期客流出现的宏观原因。

(2)政策因素。国家假期政策注重以人为本,除了传统的春节、"十一"中长假期,还有清明节、端午节、中秋节等中短假期,这也导致了一定的高峰客流。不同节假日高峰客流的结构受季节、文化、假期长短等因素影响。例如,春节客流高峰主要受返乡、放假的探亲和学生流影响,清明节主要受返乡扫墓和踏青旅游的中短途客流影响。

(3)教育因素。全国几千所高等学校、中专、技校和教育机构分布在全国不同的城市和地区,每年的寒暑假,这些学生都会形成大的、规律性很强的铁路客流。

(4)产业布局。我国各地区间经济发展和产业、生产力布局的不平衡等因素导致区域性的劳动力供需矛盾,形成大量由农村流向城市,由中西部地区流向东部沿海地区,由经济欠发达地区流向经济发达地区的客流,那么在节假日期间便形成较大规模的规律性客运需求。

二、春、暑运期间旅客运输组织(相关教学资源见二维码14)

一般来讲,铁路部门春运期限规定为40天,以春节为界,春节前15天,春节后25天;暑运期限规定自7月1日起至8月31日止,计62天。

二维码14

(一)春、暑运期间的客流变化特点

春节是我国传统文化中最重要的节日,农民工、学生和其他返乡探亲客流是主要对象;暑运期间,以运送学生和旅游客流为主,具有客流量大、流向集中且极不均衡、时间性强等特点。因此,春、暑运期间客流呈现以下特点。

1.客流结构复杂

春运期间客流中,农民工、学生、探亲、旅游和外出经商客流往往相互交织形成多个客流高峰;暑运客流中以学生和旅游者为主,时间集中,高峰突出。虽然春、暑运持续时间长,但真正的高峰期只有十几天。一般来说,直通客流相对管内客流增长较大。

2.客流地区分布和流向不均衡

受我国经济政策、地区经济发展状况和传统文化的影响。春运期间,客流量较大分布在我国中南部地区,并集中于一些主要干线,如安徽、四川、河南等农民工输出量较大的省份去广东、上海等东南沿海及华北、东北、西北方向的客流比较集中。暑运期间,各大中专院校集中的城市,以及气候宜人、自然风光和传统文化景点集中的游览胜地客流比较集中。

3.客流的时间稳定性

春、暑运期间客流波动有一个逐渐产生的过程,可以分为节前、节中和节后。节前是客流的大量增长阶段,节中客流相对稳定,节后则是客流的回流阶段,客流会单向大量增长,因此春、暑运期间的客流有其规律性和重复性。春运期间的客流集中在节前探亲和节后学生返校、农民工返回原工作地点及其他旅客返回工作岗位的一段时间内,而在春节期间客流相对较少。在春运前期,客流由沿海流向内地,由大城市流向小城市或乡镇地区,由发达地区流向不发达地区;在春运后期则正好相反。暑运的客流则集中在学生暑假开始及假期临近结束的两端,以学生客流和旅游客流为主。

由于客流的地区、流向和时间分布上的不均衡,总体结果就是客流在一定时间内是单方向流动的。因此,在春、暑运期间,需要统筹安排机车、车辆和客运组织能力,充分挖掘既有设备潜力,增加人员和设备投入,做好人员培训,并应使春、暑运工作纳入制度化、规范化轨道,圆满完成运输任务。

(二)春、暑运期间客运组织

客运组织部门应做好春、暑运期间客流信息的调查收集、分析、处理工作,加强客流动态统计、分析和预测,对旅客列车上座率、单程和往返运送量、区段旅客最高密度、区段旅客最低密度,分车次、区段进行统计分析,提前做好客流计划和运能调整。

1. 根据客流变化及时空分布的特点,合理配置运力

要扩大列车编组,必要时重联运行,该加挂回转车的必须加挂。客运量大的始发站或中转站要备车底。增加运输组织弹性,确保客流没有大的积压,并做到有流开车、无流停运。

2. 组织旅客均衡输送,严格控制列车超员率

由于春、暑运期间客流的增加往往是单方向的,必须组织均衡运输,严格执行旅客计划运输的有关规定。各车站、列车要密切配合,坚持验票进站、上车,严格控制列车超员率,以确保运输安全。

3. 改进售票方式,加强客运组织

(1)做好车票预售、预订组织工作。高峰期客流在时间、方向上的不均衡性,不仅会造成单方能力的空费,还会增大对运能的需求量。由于运输能力的不可储存性,只有采取科学的客流组织措施,引导客流均衡出行,平抑高峰客流,才能达到充分利用运能的目的。最有效的措施是加强客票的预售、预订工作。抓好农民工、学生团体票预售工作,按照"路企协作、错高峰、均衡运输、送票上门"的原则发售团体票,同时组织好售票网点的预售票工作,减轻车站售票工作压力。

(2)加强车站售票组织。售票组织是高峰期客运组织的核心,直接影响乘降组织和站车秩序。加强售票组织要严格按照高峰期运力、运能安排,有计划、有控制地均衡发售车票,即以能定运,通过售票控制,实现调控旅客发送人数,消减车站高峰客流压力。同时,要充分发挥计算机联网售票的优势,发挥代售点的作用,提高售票效率。

(3)根据客流高峰情况,开满、开足售票窗口,备足备用售票人员,及时启动备用和临时窗口。

(4)采取延长售票时间、增设售票窗口等措施,增加售票能力。车站自动售、取票机数量满足售票需要,安排专人进行维护,确定运行正常。

4. 组织旅客有序乘降

客流高峰期旅客乘降工作组织是铁路运输组织与管理的重点。除了通过加强内部管理，充分发挥车站现有设备能力，提高客流在站内的通行效率外，还可以采取封闭车站、严格控制入口，将站前广场纳入整个旅客乘降组织中去，将其与站房、进出站通道、站台等设备综合考虑并采取措施，达到将候车室延伸到站前广场，将站内冲突点移到站外，并利用栅栏和工作人员将各客流分开，减少交叉干扰等目的，以提高车站办理旅客和行包业务的综合能力，实现旅客有序乘降。

5. 科学安排运力资源

（1）停短开长

由于客流高峰期客流的构成、流量及流向具有显著的特点，造成主要干线运输能力（通过能力及载运工具能力）严重短缺。为了最大限度地满足客流高峰期运能的需要，可停运短途旅客列车，加开临时旅客列车。对停运的短途旅客列车，停运前票务中心要严格控制其客票预售期，以免影响停短计划的实施。

（2）充分利用通过能力

客流高峰期间，特别是春运高峰期间，为最大限度地满足客流需要，需大量开行临时旅客列车，如可对进出客流集散地的主要通道采取铺画客车平行运行图的方法；对客流较大的主要干线铺画旅客列车平行运行图，可充分利用通过能力，避免高峰期临时铺画外临客运行线，造成部分能力空费。

（3）提高应急处理能力。

对客流高峰期可能出现的各种突发事件，制订应急预案，确保旅客运输安全、有序、顺利地进行。

6. 利用客流规律缓和运能紧张

及时、准确地掌握直通客流信息，利用旅客出行特性形成的规律性波动，可按周期进行列车编组，按规律单组或重联运行动车组旅客列车，达到提高运能利用率的目的。此外，还可组织开行2～3站直达临时旅客列车，以减轻沿途客运站压力，提高临时旅客列车运行速度，加速车底周转。

7. 经营方式灵活多变

在春运的特殊时期，单方向客流加重了铁路运营压力和经营负担。往往是列车满员始发，而回程客流稀少。针对单方面客流特点，采取客流方向开行重车，回程方向开行返程空车列车，按照空客车底办理，既可以减轻技术站股道运用的紧张压力，又可以增加调度日常运行调整的灵活性，加速临客车底的移动。通过灵活多变的经营方式，降低铁路的运营成本。

由于资源和能力的限制，特别是在客运高峰期，铁路旅客运输要想达到社会的期望值是很困难的。在一定的运输供给规模下，应有效地引导运输需求，积极发挥客运综合运输系统功能，分散和调整运输需求，使整个交通网络达到平衡。

三、节假日期间旅游列车运输组织

"五一""十一""清明""元旦"等黄金周、小长假期间，旅客运输区别于春、暑运客流组织，这类节假日期间旅客出行需求主要是以旅游为主，客流的增长方向以旅游的热点方向为主。随着高速铁路的不断发展,沿线城市在高速铁路开通后获得更大的旅游发展动能,高速铁路的发展带动了周末旅游新市场。因此,应该特别重视做好旅游列车和高速铁路周末线的运输组织工作。

往返于大中城市和著名旅游景点间的旅游列车和"周末线"动车组列车,是随着人民生活水平提高和铁路可达性提高,在旅游业迅速发展和铁路运输业全面走向市场的大背景下应运而生的一种跨行业的新产品,它是旅游业和铁路运输业二者相结合的产物。由于其自身的特殊性,旅游列车的组织方法和一般旅客列车有着诸多不同之处。

(一)旅游列车运输组织的特点

旅游列车的服务对象主要是针对旅游客流,与一般旅客列车运输的客流相比,其覆盖范围要窄一些,由于受到旅游客流特定需求的影响和制约,旅游列车的运输组织呈现以下特点。

1. 旅游列车运行的途中站和终到站比较集中

旅游列车是完全面向市场、按市场导向生产的运输产品,旅游列车对运行区段的确定取决于旅游流的客源地和他们旅游的目的地,因此旅游列车的开行路线多选择著名旅游城市或景点作为目的地。就目前情况而言,旅游流大多产生于全国各大中城市,旅游目的地多为著名旅游城市和在全国乃至世界著名的旅游景点,因此在指定旅游列车开行方案时,要充分考虑城市的旅游资源,将地方自然风光和历史遗迹等旅游资源和列车开行相结合。

2. 开行旅游列车具有更大的波动性

旅游列车的开行完全取决于旅游流的有无,"有流就开""无流停运",因此旅游列车有极大的灵活性。今年游客可能偏爱某景点,那么开往该景点的旅游列车就会多些;明年人们可能偏爱其他景点,那么明年就会改开去那些景点的旅游列车。因此,旅游列车开行的波动性取决于旅游流的波动性。

3. 旅游列车在旅游景点的到发时刻和停留时间应方便游客

为方便人们白天游玩,旅游列车一般选择在早6:00—8:00间到达旅游景点;为了充分发挥火车车厢可作为"旅馆"这一潜在优势,降低游客旅行成本,旅游列车的出发时刻一般选在晚19:00—21:00,最晚不应迟于零点。在制订开行方案时常须根据游客需求来灵活选择列车的到发时刻。例如,"夕阳红"旅游专列,由于乘坐列车的游客全是老人,他们希望列车到达景点后能住宿一夜,然后再去游玩,在制订列车运行方案时可将列车到达景点的时刻调整到傍晚。此外,旅游列车在旅游景点所在站的停留时间还应满足游客游玩的需要。

4. 旅游列车沿途一般没有旅客乘降作业

旅游列车整列运送的是特定的服务对象——游客,这些游客都有共同的旅游目的地。旅游列车的这种特殊性就决定了它沿途一般无旅客乘降作业。

5. 旅游列车车辆档次、服务水平较一般旅客列车高

一般旅客列车根据列车种类不同而分别由不同档次车辆编组而成。而旅游列车则不然,它一般要求列车编组中高档次车辆,因为人们外出旅游的目的之一就是缓解工作压力,愉悦身心,所以车况的好坏极大地影响着游客对交通方式的选择。同时,旅游列车上应提供优良的服务,如"丝绸之路"涉外旅游专列,编组的车辆均为"高包车",服务员都进行过专门的涉外服务技能培训。此外,旅行社还应外国游客的要求增加了"列车酒吧",并推出了"烛光晚宴"等特色服务。在我国广大旅游群体中,具有不同收入水平、不同受教育程度和不同生活背景的游客,他们心目中的旅游列车软、硬件标准是有差异的。因此,针对这一情况,铁路运输企业在制订旅游列车开行方案时可根据游客的需求差异混编各种档次的车辆,以充分利用现有的车底。

(二)影响旅游列车运输组织的因素

1. 受旅客个人旅游需求行为影响

(1)旅客旅游偏好不同。乘坐旅游列车的旅客受其自身受教育程度、收入水平、消费水平、所处地域特征、旅游景点特点的影响,不同的旅客对旅游景点的偏好程度不同,且旅游偏好呈动态变化特点,因此必须做好旅游群体的偏好调查研究,掌握规律。

(2)旅客对旅游时间长短的要求不同。旅游者所拥有的闲暇时间不同,有的人时间充裕,如退休职工;有的人闲暇时间有限,如因工作需要只能休几天公假的在职人员。因此,在制订旅游列车开行方案时应照顾到各类群体,有针对性地开行旅游列车。如面向闲暇时间充裕的旅游群体可开行途经多个旅游景点的一线多游式长途旅游列车;而面向闲暇时间不多的群体可选开往某些有较大吸引力景点的中短途旅游列车。

2. 受旅游景点车站接发车能力和旅游景点接待能力的影响

当旅游景点所在车站接发车能力较大时,旅游列车的开行受其影响较小;当旅游景点车站的接发车能力不大时,则应本着"旅游列车在景点车站的到发时刻尽量避开该车站的列车密集到发时间段"的原则来确定旅游列车的运行方案,以减轻车站的作业压力。

此外,旅游列车开行方案的制订还受到旅游景点接待能力的影响。

3. 受铁路运能的影响

长期以来,国内铁路运输的需求与铁路运能之间的矛盾一直存在着,这就必然会出现临时性、波动性都较大的旅游列车与图定客货列车争运能的局面。此外,旅游列车的开行往往还受到车辆等设备的限制。

旅游列车运输组织发展趋势

(1)搭建旅游预约(众筹)平台,开发定制化产品,开启旅游产品线上销售模式,向社会开放旅游列车开行,通过市场竞争,有效提升旅游列车开行品质。

(2)推进旅游列车开行跨局联动合作,探索"直通点对点输送+目的地区域地接"的新模式,实现旅游产品在大节点高效接续。

(3)依托优势旅游资源,将地方自然风光、民俗文化、历史遗迹等旅游资源与列车开行相结合,打造主题旅游体验列车,引领乘坐火车旅行的新时尚。

(4)推动多式联运产品开发。加强铁路运输企业与航空公司合作,共同推进空—铁联程运输发展,打造空—铁联运品牌,积极对接铁路与航空班次时刻,扩展空—铁联运产品覆盖范围,完善空—铁联运基础设施,打造客运综合枢纽,实现旅客"一站购票"。

任务5.2 高速铁路新老兵运输组织

教学目标

◇ **知识目标**
1. 掌握高速铁路新老兵运输的组织领导。
2. 掌握高速铁路新老兵运输的方式。

◇ **技能目标**
1. 能够对新老兵运输过程进行科学组织。
2. 能够合理安排新老兵运输的方式。

任务导入

2020年9月16日8:46,在凯里车务段铜仁南站1站台,344名胸戴大红花、身着迷彩服的新兵战士精神抖擞地登上G5399次列车,乘坐高铁赶赴军营。当日,该段铜仁南站客运人员举着车厢标志牌,引导新兵战士从站前广场一路整齐划一地走到候车站台上,按车厢位置划分站台候车区域,分流引导新兵战士有序地登乘列车。

为确保新兵顺利入营,凯里车务段提前做好安排部署,从优化客运组织、卡控安全关键、提供优质服务等方面入手,制订新兵运输组织方案,采取"定人定岗定责"的方式,优化人员分工,明确岗点职责。该段坚持军人"四优先"(购票、托运、进站、乘车)服务原则,主动与当地驻军和地方军代处联系对接,提前掌握新兵数量、去向、乘车时间,详细了解新兵运输计划,认真审核新兵运输预报表,掌握新兵乘坐车次、乘车人数、乘坐车厢,安排专人核对军运号码、应付凭证,填记代用票,优先保障新兵运输需求。

针对新兵运输车次集中、人员集中的实际,该段细化服务措施,加强与列车调度员对接,掌握实时的列车正晚点信息,合理划分军运期间旅客候车位置,逐项落实专人引导、新兵候车、站车服务等措施,逐趟车次确定进站路线和安全措施,开辟快速进站绿色通道,按车厢指定专人负责引导,确保新兵安全、有序地登乘列车。在乘降组织上,该段实行分流管理,由专人分别负责新兵和普通旅客的分流和引导,防止对流拥挤,保证新兵和旅客顺利乘降。与此同时,该段组织相关人员对岗点设备进行检查,并加大对重点列车、重点时段、重点区域的盯控力度,整理更新进站通道、站台、地道等揭示、揭挂和指示标志,确保进站路线一目了然。此外,该段还开展多种形式的佣兵活动,利用车站广播播放军旅歌曲,制作横幅标语迎送新老兵,表达铁路职工对人民子弟兵的温暖关心和崇高敬意,营造了浓厚的迎送氛围。

分析以上材料,请同学们分析讨论:
1. 铁路站车如何做好新老兵的旅客运输组织工作?
2. 这些"旅客"和其他旅客在运输组织上有哪些特点?

 **理论知识**

铁路新老兵运输是军事运输的重要组成部分,也是事关国防和军队建设的重点军事运输工作。新老兵运输工作任务繁重并具有涉及部门多、新兵集中、老兵分散、时间紧、要求高、组织工作难度大的特点。

铁路部门必须要认真贯彻"人民铁路为人民"的服务宗旨,坚持优先运输的原则,统筹安排,周密计划,精心组织,严格管理,均衡运输,尽全力做好新老兵运输服务的乘降组织、后勤保障等各项工作,确保新老兵运输工作安全正点、服务优质、安全有序地进行,圆满地完成运输任务。

一、新老兵运输期限及组织原则

全国新老兵运输期限依照国务院、中央军委的命令和指示确定。通常情况下,全国新老兵运输应当于每年11月25日开始,12月31日前结束。其中,老兵运输应当于11月25日开始,新兵运输应当于12月10日开始。

新老兵运输工作应当遵循集中领导,归口管理,分级负责,统筹计划,优先安排,方便部队的原则。

二、新老兵运输组织领导

新老兵运输工作涉及部门多、要求高、组织工作比较复杂。各有关部门应根据征兵命令和退伍工作要求,统筹全局、周密计划、合理安排、团结协作,严格按计划组织实施,保证安全、及时地完成新老兵运输任务。新老兵运输期间,各级铁路、港、航和军交部门要会同有关部门组成新老兵运输办公室,在各级新老兵运输领导小组领导下统一组织指挥新老兵运输工作。领导小组组长由各级领导担当,客运、运输、机务、车辆、公安、房产、卫生部门领导参加。在新老兵运输开始前,领导小组要召开电话会议,全面部署检查各项准备工作。各部门要明确分工,加强岗位责任制,切实做好这项工作。

运量较大的车站应在当地人民政府统一领导下,成立临时中转接待机构,负责做好新老兵接待、中转、食宿、医疗卫生和行李托运等工作。铁道、交通部门要教育职工关心和热爱人民子弟兵,帮助解决旅途中遇到的困难,要派出执勤分队负责维持秩序,并热情地为新老兵服务,使新老兵顺利到达目的地。

三、新老兵运输方式

新老兵运输采取整批军运和零星购票相结合进行,主要有以下四种方式:①组成专用客车底循环套用;②选用部分旅客列车运送;③在旅客列车中预留车厢;④零星购票。

新兵和出新疆的老兵以组织军运为主,其他老兵以购票为主。新老兵全部乘坐客车。除国际旅客列车和市郊通勤车不能选用外其他旅客列车可均衡选用。选用时根据旅途的远近选用长途列车,并注意紧密衔接,减少中转。为方便新老兵,在保证安全、不影响铁路分界交出时分的前提下,可组织新老兵在旅客列车没有停站时分的车站上下。局管内列车经驻局军代处和铁路局集团公司批准,跨局列车则须在全国新老兵运输会议确定。

抽调客车组成新编列车循环使用时,新编列车开行军用车次,每列定员1400人左右。客运部门临时抽调专门的乘务员担当乘务工作,在旅客列车中预留车厢,原则上在本局始发列车中预留(国际旅客列车除外)。预留车数由铁路局集团公司和驻局军代处商定。需在较大枢纽地区中转的,每个列车预留车数一般不要超过两辆。留车后,由驻局军代处根据管内部队提出的要车计划与铁路局集团公司商定后,逐级下达执行,安排列车时要尽量安排直通车次,减少中转换乘。

零星购票是指20人以上不足整车的新老兵集体乘车时,可由部队持介绍信于乘车5日前,到车站客运部门提报乘车计划。对于驻军较多、运量较大的车站,可由部队、军事代表和铁路客运部门共同协商研究,统筹安排,可按大单位划片、定时间、定车次、定票额纳入客运计划,组织均衡运输。有条件的车站应派人到部队驻地预售客票。团体新老兵购票时,车站应优先受理,并事先商定到达车站的时间,指定候车地点,提前检票,提前进站上车。零星老兵,可凭复员证到车站购买客票,车站应优先售票、优先乘车。

四、乘车组织与管理

铁路、交通、民政部门和军交部门要按运输方案和运输通报,严密组织,加强管理,采取有效措施,保证完成新老兵运输组织计划。

1. 运行组织

接、送兵单位应于起运日期5天前到始发局军代处或车站新老兵运输办公室(或客运部门)办理乘车手续。始发局军代处或车站新老兵运输办公室按运输方案与接送兵单位核对确认始发和中转计划。整批运输与运输方案有变化时,始发局军代处要提前通报中转站和到达局军代处;无变化时,按运输方案组织实施。乘坐新编客车的应认真掌握运行。铁路、水路联运中,先铁路后水路的,始发局军代处通报到达局军代处,到达局军代处通报到达港航务军代处;先水路后铁路的,始发港航务军代处通报到达港航务军代处,到达港航务军代处再通报换乘站所属局军代处。购买客票走的由始发站新老兵运输办公室在落实始发计划后,直接向中转站新老兵运输办公室联系通报。部队应严格按下达的中转换乘计划组织中转,不得擅自变更中转日期、地点和车次。部队应及时派出先遣联络人员按始发新老兵运输办公室通知内容到中转换乘站联系中转换乘事宜,安排食宿和短途运输。

铁路要加强新老兵运输中的中转预报工作。当始发站确定了乘车日期、车次、人数后,即由发站以铁路电报通知中转站。预报内容有发站、到站、乘车部队代号、乘车日期、车次、人数、换乘站、军运号码和部队负责人姓名。中转站应尽量安排换乘就近直通旅客列车,以减少中转,方便乘车的新老兵。

2. 途中管理

部队或接送兵单位要指派责任心强、有一定组织能力的人员担任接送兵工作。接送兵人员要认真负责,严格管理,严禁携带无关人员搭乘。接送兵人员和新老兵要接受军事代表的指导,如途中发生问题要及时向军事代表反映。接送兵人员要教育新老兵遵纪守法,开展精神文明活动。对途中违法乱纪者,沿途驻军、军事代表和接送兵干部会同铁路、交通部门妥善处置。对情节严重、触犯刑律的应予以扣留,交公安部门处理。

军交部门和各级新老兵运输办公室要加强运输情况的掌握。中途人员上下车和进出站凭军事代表的通报办理。如果整批军运发生人员漏乘时,按军运有关规定办理。途中人员发生伤病不能继续乘车时,车站、军事代表应通知就近驻军或地方医院抢救治疗。其医疗费、伙食费按章办理。对危重伤病者接送兵单位要留人负责护理做好善后工作。新老兵运输期间，运量较大的车站，应在当地人民政府领导下，成立新老兵运输办公室，安排好中转换乘和饮食供应工作，热情地为新老兵服务；有条件的车站应设立专门售票窗口和候车室。

3. 安全服务

新老兵运输期间，任务量较大、中转换乘较多的车站，应组成安全服务队，做好安全服务工作；要安排专门的候车室或候车地点，并要设置一定数量的保温桶、饮水杯等用具，保证开水供应。对新老兵列车要安排接人站台。新老兵上下车、进出站时客运人员要做好引导，免得上错车或发生事故。天桥、道口线路、大门等都要派人看守防护。禁止无关人员混杂在内，以免发生意外。列车前、后、下面、背面都要派人看守。劝阻送行人员不要上车、列车开动后不要和车上人员握手。特别要注意的是，防止有人扒车，如发现有人扒车时，应及时采取措施，以免发生危险。新老兵列车要按旅客列车办理，并配备乘务员，落实安全措施，确保安全正点。

五、退伍战士行李托运

退伍战士托运的行李、物品等，车站应予以优先受理，优先装车，及时中转，不得积压，力争人到行李到，到后免费保管。

（1）退伍战士随身携带的行李、物品、书籍等，铁路、水路准予免费携带35kg，公路准予免费携带25kg。超过免费携带部分，按整批军运办理的凭部队团以上机关介绍信，购买客票的凭退伍证，于乘车前3~5日到车站办理托运手续，50kg以内按行李计费，35kg以内凭托运费收据由原部队按实报销，超过此重量部分的托运费由老兵自理。在老兵退伍期间，有条件的车站应派人到部队驻地，集中为退伍战士办理托运，托运手续一人一票。部队要主动，配合，提供方便。

（2）老兵乘车时，不准携带自行车、缝纫机、家具、木料等大件物品。随身携带的物品和托运的行李严禁夹带武器、弹药和其他易燃、易爆危险品。部队要对老兵行李进行点检。托运行李由部队负责检查，团以上机关盖章施封，车站可凭施封条免检承运。发现携带危险品，军队或公安部门要及时收缴，严肃处理。若携带的物品，危及运输安全时，要追究其部队和当事者责任。托运的行李除拴挂铁路货签外，在行李包装外面，应标明发站、到站、发货人、收货人姓名和详细地址，并注明"老兵行李"字样。行李到后，老兵应尽快取走。

复习思考题

1. 春、暑运期间客流变化有何特点？
2. 简述春、暑运运输组织方法。
3. 简述旅游列车运输组织的特点。
4. 旅游列车运输组织受哪些因素影响？
5. 新老兵运输一般在什么时间？
6. 新老兵运输主要有哪几种运输方式？
7. 退伍老兵随身携带的行李重量是如何规定的？

项目 6　高速铁路客运营销工作组织

项目描述

在我国高速铁路快速发展的背景下,高速铁路旅客运输在运输市场中的份额逐年增长。高速铁路客运营销工作组织是在掌握高速铁路客运需求的基础上,丰富和加强客运营销方法和手段,稳固高速铁路旅客运输市场地位。

任务 6.1　高速铁路旅客运输需求分析

教学目标

◇ 知识目标

1. 掌握高速铁路客流的分类和特点。
2. 掌握高速铁路旅客运输需求的特点。

◇ 技能目标

1. 能够分析不同种类客流的流动特点。
2. 能够分析旅客运输需求变化规律以便精准营销。

任务导入

2009 年武广高铁正式开通运营,全长 1068 km,设计运行速度 350 km/h,穿越湖北、湖南、广东三省,通车后,武汉到广州行车时间,从以前的 10.5 h 缩短至 4 h 以内。

武广高铁通车当日,武汉与广州、深圳之间的航空票价就应声而落,低至罕见的 2 折。遭到冲击的不仅仅是航空业,还包括公路长途客运。湖北省铁路办负责人说道:"武汉至合肥高铁开通当天,武汉至南京上海的长途汽车班线只卖出了 6 张票。"此外,武广高铁准点率高达 99% 以上,几乎不受天气因素影响,而且高峰时期间隔二三十分钟一趟,十分方便。武广高铁开通一年时间,武汉与广州之间的"空中快线"航班由每天的 20 余班直降为每天的三四班,航空客运量也下降 50% 以上。

与飞机狭小的空间相比,高铁宽敞的车厢、优质的服务更是锦上添花。登上列车后,乘务员将为一等座等旅客免费提供小食品、饮品和报纸等服务,为商务座车厢旅客配备防寒毯、靠垫、眼罩、小毛巾、拖鞋、鞋套、耳机等。

请同学们思考:

高铁在旅客运输市场中是如何满足旅客需求的呢?

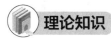

一、高速铁路旅客运输的地位

铁路是国民经济大动脉、关键基础设施和重大民生工程,是综合交通运输体系的骨干和主要交通方式之一,在我国经济社会发展中的地位和作用至关重要。作为国民经济的重要系统,其在国家政治、国民经济和社会发展领域具有突出的地位和作用。因此,铁路旅客运输具有较强的国家属性。

(1)旅客运输是发展经济的必要条件。经济的发展必须有大流通的支撑,市场经济的发展、壮大,使得流通领域逐渐活跃,人们的经济活动更加频繁,这在客观上要求旅客运输必须有同步的发展。

(2)旅客运输是维护民族团结的有力纽带。我国是个多民族国家,且少数民族人口大多分布在边远地区,只有通过交通线路才能把各族人民联系起来,增进交流,促进发展。

(3)旅客运输是巩固国防和应急救灾的重要保证。我国的国防建设需要旅客运输,每年的老兵复员、新兵入伍以及现役军人调动都需要交通运输作为支撑条件。所以,顺畅的旅客运输是巩固国防建设的重要基础。另外,遇到自然灾害等紧急情况,旅客运输是进行救援的有力工具。

(4)旅客运输是国际交流的窗口。随着经济的发展和对外交流的不断深入,我国与世界各国的联系越来越广泛,越来越多的经商、旅游的外国友人来到中国。旅客运输服务质量的好坏代表了我国的形象,反映了我国交通运输现代化发展的成就和综合投资环境的优劣。

目前,在我国4种现代旅客运输交通方式中,铁路承担着大部分中长途旅客的输送任务,在全国旅客运输工作中起着骨干作用。我国各种运输方式完成的旅客周转量见表6-1。

我国各种旅客运输方式周转量(单位:亿人公里)   表6-1

年 份	旅客周转总量	铁 路		公 路		水 运		民 航	
		周转量	比例(%)	周转量	比例(%)	周转量	比例(%)	周转量	比例(%)
1995	9001.9	3545.7	39.4	4603.1	51.1	171.8	1.9	681.3	7.6
1996	9164.8	3347.6	36.5	4908.8	53.6	160.6	1.8	747.8	8.2
1997	10055.5	3584.9	35.7	5541.4	55.1	155.7	1.5	773.5	7.7
1998	10636.7	3773.4	35.5	5942.8	55.9	120.3	1.1	800.2	7.5
1999	11299.7	4135.9	36.6	6199.2	54.9	107.3	0.9	857.3	7.6
2000	12261.1	4532.6	37.0	6657.4	54.3	100.5	0.8	970.5	7.9
2001	13155.1	4766.8	36.2	7207.1	54.8	89.9	0.7	1091.4	8.3
2002	14125.6	4969.4	35.2	7805.2	55.3	81.8	0.6	1268.7	9.0
2003	13810.5	4788.6	34.7	7695.6	55.7	63.1	0.5	1263.2	9.1

续上表

年　份	旅客周转总量	铁　路		公　路		水　运		民　航	
		周转量	比例(%)	周转量	比例(%)	周转量	比例(%)	周转量	比例(%)
2004	16309.1	5712.2	35.0	8748.4	53.6	66.3	0.4	1782.3	10.9
2005	17466.7	6062.0	34.7	9292.1	53.2	67.8	0.4	2044.9	11.7
2006	19197.2	6622.1	34.5	10130.8	52.8	73.6	0.4	2370.7	12.3
2007	21592.6	7216.3	33.4	11506.8	53.3	77.8	0.4	2791.7	12.9
2008	23196.7	7778.6	33.5	12476.1	53.8	59.2	0.3	2882.8	12.4
2009	24834.9	7878.9	31.7	13511.4	54.4	69.4	0.3	3375.2	13.6
2010	27894.3	8762.2	31.4	15020.8	53.8	72.3	0.3	4039.0	14.5
2011	30984.0	9612.3	31.0	16760.2	54.1	74.5	0.2	4537.0	14.6
2012	33383.1	9812.3	29.4	18467.5	55.3	77.5	0.2	5025.7	15.1
2013	27571.7	10595.6	38.4	11250.9	40.8	68.3	0.2	5656.8	20.5
2014	30097.4	11604.8	38.6	12084.1	40.1	74.3	0.2	6334.2	21.0
2015	30058.9	11960.6	39.8	10742.7	35.7	73.1	0.2	7282.6	24.2
2016	32158.5	12579.3	39.1	10228.7	31.8	72.3	0.2	8378.1	26.0
2017	32812.8	13456.9	41.0	9765.2	29.8	77.7	0.2	9513.0	29.0
2018	34218.2	14146.6	41.3	9279.7	27.1	79.6	0.2	10712.3	31.3
2019	35349.2	14706.6	41.6	8857.1	25.1	80.2	0.2	11705.3	33.1

二、高速铁路客流分析

(一)客流及其构成要素

由发送地点至到达地点进行位移的旅客的集合称为客流。客流的构成要素包括旅客的流量、流向、流程、流时和旅行目的。其中,流量是衡量客流的规模;流向是指旅客流动的方向,反映客流的空间分布;流程是发送地点至到达地点的行程,它表明旅客在空间移动的范围;流时反映旅客在出行时间上的分布;旅行目的则反映出旅客交通行为产生的主客观原因。客流的主要特点是在时间、空间分布的非均衡性。

(二)客流的分类

旅客根据需要选用一定的运输方式,在一定时间和空间范围内做有目的的移动即形成了客流。客流信息是旅客运输系统的基本信息,客流可以按不同特性进行分类。

(1)按旅客旅行距离结合铁路局集团公司管辖范围分类,将客流分为直通客流和管内客流两种。

①直通客流。旅客旅行距离跨及两个及其以上铁路局集团公司的客流为直通客流。一般来说,直通客流的特点是旅行距离较长、购票早、进候车室早、送客亲友多,要求列车服务标准高,注重舒适度。

②管内客流。旅行距离在一个铁路局集团公司范围以内的客流称为管内客流。一般来说,管内客流的特点是旅行距离较短,旅客注重便捷,其他要求相对不高。例如,对座席的要

求,由于高速动车组旅客列车运行速度快,管内旅客通常旅行时间也比较短,即使无座对旅客的出行需求影响也并不是很大。

(2)按出行目的分类,客流一般分为出差、探亲、旅游、购物、其他客流等。随着人民生活水平的不断提高,高铁以快捷、舒适的特点,成为不少民众旅行、探亲、出差的首选。例如,很多铁路局集团公司都开行了针对城市周边游、周末游的短途旅客列车,方便旅客乘坐高铁出游。

(3)按旅行距离分类,客流一般分为短途、中途、长途客流。高速铁路优势一般在中短途客流运输,尤其是小长假期间,承担主要中短途客流的运力。

(4)按身份职业分类,客流可分为企事业单位工作人员、个体从业人员、务工人员、军人、学生等。

(三)客流的特点(相关教学资源见二维码15)

1. 客流快速增长

随着经济的快速发展,高速铁路的建设和投入运营既能够缓解我国铁路运输紧张情况,提高高速铁路运输能力和服务质量,又可以促进沿线经济发展、相关产业转型升级、城市群的崛起,推动区域和城乡协调发展,城市之间的产业关联性越来越强,城市间的客流来往也越频繁,路网区域内人口数量和人口流动增加,促使区域内旅客出行增加。同时,人民生活和消费水平的不断提高,也促进了大量旅游客流的产生,因此,在高速铁路开通的短短十几年内,高速铁路客流连年呈现高速增长的趋势。全国高铁客运量及旅客周转量见表6-2。

全国高铁客运量及旅客周转量 表6-2

年 份	客运量(万人)	旅客周转量(亿人公里)	年 份	客运量(万人)	旅客周转量(亿人公里)
2008	734	15.6	2014	70378	2825.0
2009	4651	162.2	2015	96139	3863.4
2010	13323	463.2	2016	122128	4641.0
2011	28552	1058.4	2017	175216	5875.6
2012	38815	1446.1	2018	205430	6871.9
2013	52962	2141.1			

2. 客流在时间维度上呈现波动性

目前,我国高速铁路客流在时间上存在着明显的淡季和旺季之分,受到周末、法定节假日、寒暑假、春运等特殊时期的影响,旅客出行需求呈现出周期性的波动特征。例如,城际客流,在城市群内通勤、公务商务的客流,在工作日旅客出行需求会出现明显的早晚高峰;在中长距离的线路上,客流则通常会根据法定节假日的情况而在一年内呈现出季节性分布的特点。

3. 客流在空间维度上呈现不均衡性

目前,我国高速铁路网络虽覆盖全国绝大多数城市,但受高速铁路网络布局的东密西疏的特征影响,高速铁路客流也整体表现为东多西少的特点。高速铁路线路连接的城市不同,不同城市的人口、经济发展和政治地位也不均衡,客流主要分布在经济比较发达、路网密度较大、人口比较稠密的东部地区。除此之外,不同交通运输方式的分工也对铁路客流的地区分布有着重要的影响。东北地区人口不到全国人口的10%,但由于路网发达,旅客运输量所占比重长期保持在40%左右。而随着西南地区高速铁路网络的不断完善,其高速铁路客运量占比也有明显的增长。

4. 诱增客流占比较大

诱增客流是指因高速铁路服务水平的提高(如速度、发车间隔、可靠性、舒适性等)、通道运能的扩大以及运输环境的优化,促使人们增加出行而新生成的客流。高速铁路列车开通后,客流一部分是从传统铁路转移过来的,另外很大一部分是新生成的客流。也就是说,高速铁路的诞生和发展衍生出了更多的出行需求。随着高速铁路的网络化进程不断加快,一大批新建高速铁路建成投产,旅客发送量将成倍增长。

三、高速铁路旅客运输需求

(一)高速铁路旅客运输需求的概念

运输需求是运输供给的源泉,也是运输企业规划和配置运输资源、运输组织生产的依据。旅客运输需求是指在一定时期内,一定的价格水平下,社会经济生活在旅客空间位移方面提出的具有支付能力的需要。

旅客运输需求包括以下七个要素:

(1)运输对象。运输对象是旅客自身及与其出行相关的行李。

(2)流量。流量是指需求的规模,但需求量与客运量的概念有一定区别,需求量是从旅客的角度出发,客运量是从运输企业的角度出发,二者互相影响。

(3)流向。流向是指旅客发生空间位移时的空间走向,表示客流的产生地和消失地,是旅客运输需求空间结构的重要内容。

(4)运程。运程是指运输距离,指旅客所发生的空间位移的起始地至到达地之间的距离。在竞争激烈的客运通道上,各种运输方式和产品的市场优劣势常以此为标准划分。

(5)运速。运速是指旅客出行对运输速度方面的要求,一般与其他因素交织在一起对出行方式和产品选择产生作用。

(6)运时。运时,即运输时间,是指旅客发生空间位移时从起始地至到达地之间所用的时间。

(7)运输价格。运输价格,即旅客出行费用,旅客出行对运输费用的要求和承受力也是发展中国家和发达国家在需求上的明显区别。

铁路旅客运输需求是社会生产和生活中所产生的人员流动需要,受到一定因素的制约,所谓的客运量是指实现了的运输需求。当运输能力满足时,运输量基本上能反映运输需求;当运输能力不能满足运输需求时,运输量只能代表运输供给限制条件下的运输需求量。长期以来,我国铁路运输能力是一种紧缺资源,而随着高速铁路的建设和运营,运输能力稀缺的局面将大大改善。

(二)高速铁路旅客运输需求的特点

(1)从区域通道的角度来看,高速铁路的迅猛发展大大增强了铁路的市场吸引力,各种交通方式的客运市场结构被重新划分。铁路运输距离延长的优势,使得大量的航空和公路客流转向高速铁路。高速铁路的发展使得列车运行时间大幅压缩、到发时刻不断优化,京津、沪宁杭、广深等城际铁路客流成倍增长,以北京为中心,连接上海、武汉、西安等区域主要城市的高铁干线通道均已实现"朝发夕至",铁路与公路、航空运输的竞争格局已经形成。

(2)从时间的角度来看,我国铁路客运呈现"忙闲不均"的特点,日常以公务客流为主,季节性分布较为均衡,而旅游、探亲客流在黄金周和春运时期大量聚集,造成了既有铁路运输能力极其紧张的局面。在"十一"长假和春、暑运期间,中短途、长途旅客都大幅增长,各类运输产品的需求呈直线上升趋势。自从取消"五一"长假,增加了端午节、中秋节等节假日,中短途旅游线路吸引了大量旅客到附近的旅游观光地点。最紧张的依然要属春运期间,大量学生流和农民工流涌向铁路,使得各等级的车票一售而空,铁路出现"一票难求"的现象。

(3)从运输距离的角度来看,我国铁路划分为短途、中途、长途三类。短途是指运输时间在3h以内或运输距离在300km以内的范围,中途通常是指运输距离在500~1000km的范围,而长途指运输距离在1500km以上的范围。我国幅员辽阔,铁路旅客运输以中长途为主。另外,铁路快速城际列车的开行,以及与城市交通的紧密衔接,也加大了铁路短途运输的吸引力。例如,京津城际列车很受往返于北京和天津之间旅客的欢迎,受到了社会广泛好评。随运行距离的增加,旅客对座席的舒适性要求也越来越高,因此铁路部门在热门城市之间开行了高铁动卧,夕发朝至,极大地提升了服务质量和旅客满意度。旅客在列车运行过程中,还有餐饮、梳洗等需求,对广播等娱乐设施的需求也较强烈。短途旅客在途时间较短,关注的是到发时间的方便、灵活,而对列车上舒适性要求较低,大部分都会选择二等座,甚至无座。由于在途时间较短,短途旅客通常不会在列车上用餐,对娱乐等设施要求也不高。

(4)从客运产品的角度来看,不同等级的旅客列车所提供的客运产品质量有较大差异。当前,我国的现代化和城市化水平与世界发达国家相比,仍有较大差距,居民总体收入水平不高。旅客选择客运产品时,价格仍是主要考虑的因素。根据各地经济发展情况及人们出行习惯的不同,旅客选择的客运产品各不相同。例如,在环渤海经济圈的京津地区,旅客出行时选择动车的非常多,但在经济相对不发达地区,人们会更关注普通客运产品。

(5)从旅客支付能力的角度来看,旅客对铁路运价的支付力是判别客流特征的重要属性,对运输经营效益有重要影响。根据按《国家计委关于高等级软座快速列车票价问题的复函》(计价管〔1997〕1068号)的规定,运行速度达到110km/h以上的动车组列车二等座车票价基准价为0.2805元/km,这与我国经济发展水平和人们的收入、支付能力有关系。铁路是大众化的交通方式,吸引着绝大多数中低档收入群体,这就决定我国铁路的运价要符合人们的收入水平,不能盲目过高定价。

随着我国社会、经济的快速发展,地区间的交流越来越多,铁路客运直通客流不断攀升。同时,旅客出行更倾向于选择快速、舒适的列车,旅客对铁路运输服务质量的要求越来越高。因此,在编制铁路运输计划、规划铁路发展时,应充分考虑两方面的因素:一方面,不断满足日益增长的旅客运输需求的需要;另一方面,改善铁路服务质量,完善铁路系统,吸引更多旅客选择铁路为首选出行交通工具。

(三) 高速铁路旅客运输需求影响因素

旅客运输是一种社会活动,影响旅客运输需求的因素有很多,主要有经济发展水平、人均收入水平、人口数量及结构、运输业的发展情况以及运输方式之间的替代性等。

(1) 经济发展水平。旅客运输需求中的很大一部分属于生产和工作性运输需求,如外出采购原材料、推销产品、学习、参加各种会议等所产生的出行需求。从静态角度来看,凡是经济发展水平高的国家、地区,旅客需求数量和质量水平就高;相反,经济发展落后的国家和地区,旅客运输需求水平就相对较低。从动态角度来看,经济高速发展期,旅客运输需求就较快增加,大量的人员因生产或工作需要出行频繁;相反,经济处于较低发展期,人们出行的频率相应会降低。

(2) 居民人均收入水平。在旅客运输需求中,除生产性和工作性客运需求外,很大一部分是生活性客运需求,如探亲、访友、旅游等所产生的旅客运输需求。这些需求与人们收入水平密切相关。随着收入水平的提高,一般性的运输需求量增加,需求质量也会提升,旅游需求在整个生活需求中的比重越来越高,且旅游需求更具增长潜力。

(3) 人口数量及结构。旅客运输的对象是人,人口的数量和结构变化必然引起旅客运输需求的变化。人口密集的国家或地区,其旅客运输需求量就高;人口稀疏的国家或地区,客运运输需求量也较低。同时,人口结构对运输需求也产生影响,其影响程度比人口数量本身的增加更加突出。例如,因城市人口大都从事于各种工业、商业和服务业等工作,出行频率要比生产单一、集中的农村人口产生更多的需求。因此,人口结构是分析客运需求不可忽视的因素。

(4) 铁路旅客运输业的发展状况。铁路旅客运输业的发展,不仅体现在运输设施的数量增加上,还体现在运输服务质量的提高上。如果运输布局合理,运输能力充足,技术性能先进,运输服务优良,将会刺激和诱发大量客运需求;反之,则会抑制运输需求的产生,我国高速铁路的快速发展,极大地方便了旅客的出行,相应地促进旅客需求量的增加。

(5) 运输方式间的替代性。旅客运输需求存在运输方式之间、运输企业之间的替代关系。如果站在某一运输方式或某一运输企业的角度分析旅客运输需求,就必须详细分析其他运输方式、其他运输企业对自身需求替代程度的大小。为此,要把握本企业、本运输方式的竞争能力和市场占有能力的强弱。

(6) 城市化发展进程。随着社会经济的发展,我国城镇化水平越来越高。城市发展进程的加快促使城市人口比例逐渐上升,人口越来越向城市聚集,同时,农村进城务工人员越来越多,城镇和农村的联系更加紧密,城乡居民交流更加频繁,会带动更多的客运需求的产生和增加。

任务实施

分析学生旅客群体的客流特点(如出行目的、出行距离等),总结影响学生旅客群体出行需求变化的因素有哪些?

请同学们自行设计调查问卷,分小组在校内进行调查,形成调查报告。

任务6.2 高速铁路旅客运输营销工作组织

 教学目标

◇ 知识目标
1. 掌握高速铁路旅客运输产品内涵。
2. 掌握高速铁路旅客运输营销组织策略和方法。

◇ 技能目标
1. 能够适应市场变化开发运输新产品。
2. 能够根据运输市场需求变化选择营销组织策略。

 任务导入

2020年8月25日,中国东方航空集团有限公司携手国铁集团正式宣布,东方航空App和"铁路12306"手机App全面实现系统对接,"空—铁联运"产品正式上线,旅客在一个平台即可选择航班与高速铁路进行自由组合,完成行程的全部预订,实现一个订单、一次支付。

旅客可通过任一方的App,一站式购买东航、上航航班与高速铁路车次相衔接的联运客票。这不仅标志着两家企业自有销售平台实现了"互为第一次"的接口对接,更是开创了中国民航和高速铁路销售平台全国首次实现互联互通,开启了铁路车次、航班信息的数据共享。

目前"空铁联运"一期产品以上海虹桥国际机场、铁路虹桥站为核心枢纽,开通江、浙、皖部分城市经上海前往东航国内各通航城市的双向联运。未来,联运中转城市还将逐步拓展到北京、广州、深圳、成都、南京、杭州、武汉、西安等多个重点城市,满足旅客跨区域、多方式的出行需求。

请同学们思考:
除多种交通运输方式联运外,铁路运输企业还进行过哪些营销创新服务?

 理论知识

一、高速铁路旅客运输产品

高速铁路旅客运输向社会提供的产品是旅客的位移服务。通过将不同身份、目的、需求的旅客以列车的形式组织起来,安全、快速、准确地运送至目的地,即完成了整个服务过程。

(一)旅客运输产品的基本概念(相关教学资源见二维码16)

铁路旅客运输行业既有一般生产部门的特征,又有服务行业的属性。随着我国高速铁路的发展,铁路运输企业越来越重视服务在市

二维码16

竞争中的作用,因此,在传统客运产品的概念上,铁路部门在旅客运输产品定位和开发中,逐渐将"服务"这一理念贯穿于旅客运输生产的全过程中,以不断提高自身的竞争力。

产品是企业资源的核心,也是企业进行一切经营活动的目标。现代营销理论认为,可以从核心产品、形式产品和附加产品三个层次来认识产品,这三个层次的综合就形成了产品整体概念,在开发和设计产品时,必须最大限度地满足消费者需求的利益。现代市场营销学关于产品的整体概念也同样适用于运输产品。

(1)从核心产品层次的角度来说,客运产品就是旅客的位移。这是从客运产品使用价值的角度定义服务质量的。旅客购买了客运产品,在正常情况下就能满足自己从出发地到目的地的需求,这个层次的产品是产品的核心内容。任何形式的客运产品,包括铁路、公路、水路、航空,都必须具备旅客的位移这个内容,否则,客运产品就失去了存在的意义。

(2)从形式产品层次的角度来说,铁路客运产品就是可供旅客选择乘坐的不同档次的列车或同一档次列车的不同席别,是核心产品的载体。它是核心产品在形式上的表现,客运产品的基本效用只有通过形式产品才能得以实现。在形式产品层次上,铁路客运产品具有可被旅客身心感知的属性,如席别(包括商务座、一等座、二等座、特等座、观光座等)、乘车环境、服务态度等。铁路运输企业必须着眼于旅客购买位移产品时所追求的旅行需求,并以此为依据去改造已有产品或设计新产品。

(3)从附加产品层次的角度来说,铁路运输企业提供给旅客各个运输环节的服务,包括围绕"站、车、票"等业务作业展开的附加和延伸性的服务,如购票、候车、列车上的旅行服务。这个层次上的产品,是铁路运输企业提供给旅客的各种服务和旅行生活所需的保障条件,也是衡量旅客满意度和铁路综合质量水平的重要标尺。

在交通运输市场竞争日益激烈的环境下,铁路运输企业不断推出新产品。当然这里所说的新产品不一定是完全创新开发的产品,只要产品的3个层次中有一个层次有较大的变化,能为旅客带来新的满足,为企业增加新的效益,就可以称为新产品,即通过将核心产品、形式产品和附加产品以不同形式组合成新产品,根据市场环境和企业自身发展在一定时期内选择最优的产品组合,来满足旅客差异化和层次化的需求。通常,设计新产品主要是在形式产品层和附加产品层两个层面上进行。

铁路旅客运输产品以"人公里"为计量单位,旅客运输的产品总量称为旅客周转量。因此,铁路旅客运输在各种运输方式中的市场份额是以旅客周转量所占比例来衡量的。旅客周转量和货物周转量是铁路运输工作中非常重要的数量指标之一。它是计算运输成本和劳动生产率的依据。

(二)铁路旅客运输产品的质量特性

铁路旅客服务系统是一个复杂的系统,服务质量的优劣是众多因素相互影响、相互作用的结果,是铁路各部门工作质量的综合体现。要使旅客对服务质量感到满意,必须使旅客在旅行前、旅行中和旅行后享受到全方位的优质服务。在旅行前,主要是指购票要便捷;在旅行中,主要是指在列车上服务方式要多样化,对不同层次的旅客提供不同需求的服务,最大限度地满足旅客的要求;在旅行后,要考虑不同客运方式的衔接方便,组织不同运输方式的联运,同旅行社服务的衔接,等等。因此,铁路运输企业产品的基本质量特征应该包括安全性、快速性、准确性、经济性、方便性、舒适性等。

(1)安全性。

安全是旅客运输的基本要求之一。在运输过程中,除了由于不可抗力或由于旅客本身的机能而无法防止以外,铁路运输企业不能使旅客造成心理或生理机能的损伤。目前,在世界范围内每年因车祸造成的伤亡人数以百万计。各国政府都采取了许多确保安全的措施。在我国,旅客在旅途中,可能发生火灾、爆炸、跳车、坠车、挤伤、烫伤、摔伤、击伤、轧伤、砸伤以及食物中毒等旅客伤亡事故。因此,千方百计地保证旅客的安全,是客运人员的基本职责。在旅途中,铁路运输企业除了要保障人身安全外,还应保证旅客财产安全。旅客随身携带的物品在旅行过程中应该做到安全无损坏。

(2)快速性。

旅客运送速度是旅客运输服务中重要的质量指标之一。旅客在旅途中的各种时间消耗,是评价旅客旅行生活质量高低的主要影响因素之一。旅客运送速度包括两个方面:一方面,列车的旅行速度;另一方面,旅客在候车、中转、与其他运输方式衔接过程中所需的时间和方便程度。运送速度越快,旅客在旅途中所耗费的时间和精力就越少,这样可以减少旅途的劳累与不适,把更多的时间和精力投入到工作、学习和生活中。

(3)准确性。

准确性包括时间准确和空间准确两个方面。所谓时间准确,是指旅客列车应当按列车时刻表的规定正点将旅客运送到目的地,不应随便晚点,更不能无故停运。所谓空间准确,是指铁路运输企业必须按照客票的规定将旅客准确地运送到目的地。铁路运输方式的全天候性(不受时间、气候的影响)也是实现其客运产品准确性的重要保障。准确、及时是广大旅客对客运工作的共同要求之一。因此,必须采取一切有力措施,准时发车,正点运行,准时到达,防止误乘、误降,以满足旅客对准确性方面的要求。

(4)经济性。

所谓经济性,是指铁路客运服务产品的价格要经济合理。客票的票价直接影响着广大旅客的经济负担,是影响国计民生的大事。铁路应努力降低成本,尽可能减少旅客运、杂费的开支,为旅客提供经济的旅行条件。

(5)方便性。

狭义上的便利是指旅客在办理旅行手续方面的便利,如购票、上车、下车、行包托运及提取等,手续要力求简便。一切要从方便旅客出发,增加售票点和售票窗口的设置,改进客票预售、送票、行包接取送达等业务流程,提供网上售票服务等。广义上的便利还包括铁路运输事业的发展,路网四通八达,与其他运输方式之间良好衔接。

总之,铁路运输越便利,旅客为旅行所花费的时间、物力、财力也就越少。因此,铁路应扩大运能,增加营业网点,采取各种有效措施,减少不必要的手续和中间环节,为旅客创造便利的旅行条件。

(6)舒适性。

随着人民物质文化生活水平的提高及交通运输业的发展,人们对旅行中舒适性的要求不断提高。因此,要不断改善铁路客车车辆的技术性能和车厢内部设备、客运站服务设施等,最大限度地满足旅客对舒适性的要求。同时,在服务内容、服务形式和服务方法方面不断改进和完善,达到全面提高铁路旅客运输服务质量的目的。

在不同的国家,由于科学技术水平、人民文化水平、消费水平不同,同类产品的质量标准也不尽相同,特别是对旅行服务质量,不同层次的旅客消费水平不同,旅行服务需求不同,对产品质量的评价标准也不同。铁路旅客运输企业为了提高业务质量,在长期的生产实践中,出台相应的服务标准规范,建立了一套反映客运生产情况的指标体系,用于其内部考核和评价。

(三)高速铁路旅客运输新产品

1. 高速铁路动卧

2015年1月1日至3月15日春运期间,铁路部门开行北京西至深圳北、北京西至广州南共计4对高速铁路动卧列车。高速铁路动卧产品以安全、高效、舒适赢得了旅客的称赞。

随着时代的进步,人们的生活水平越来越高,需求也越来越多,新型卧铺动车组的设施和服务更加人性化,可以满足旅客多样化需求。每个铺位有单独的茶桌,方便旅客放置电脑、小件物品、餐食饮料等。同时,单独配备充电插座、照明灯、阅读灯、书报网、书报袋,为旅客在旅途中阅读、办公、休闲等提供便利。每个铺位还配置了拉帘、扶手、裤挂、衣帽钩,非常人性化。新型卧铺动车组采用全新设计,提升了私密性。车厢中间为中央通道,两侧设置双层卧铺,铺位采用纵向布置,即与列车的运行方向平行。由于采用了双层车窗,上下铺位的旅客都享有独立车窗。为了给旅客创造安静的乘车环境,新型卧铺动车组进一步优化了减振降噪设计,即使列车在高速运行时,车厢里也十分安静。

另外,新型卧铺动车组增加了车体高度,上铺的空间更加宽裕,旅客在上铺也能够舒适地坐立。车厢下铺设置的行李放置空间,可供放置大型行李箱,为旅客提供便利。高速铁路动卧列车内部如图6-1所示。

图6-1 高速铁路动卧列车内部

2. 高速铁路与酒店住宿、景点旅游等行业联动开发新产品

(1)推出"乘高速铁路往返免费住酒店"优惠活动。

近年来,中国铁道旅行社在元旦、春节期间推出了"乘高速铁路往返免费住酒店"等优惠活动。旅客乘坐北京至广州、深圳的高速铁路动卧列车,只要在原票价的基础上另加1元钱,持单程车票即可获赠1张广州塔景点门票,持往返车票则可免费入住一晚快捷酒店。铁路运输企业以市场为导向,不断地适应市场开发新产品,根据旅客的出行特点和需求,先后实施周末、假日列车运行图,开行通勤高速铁路列车、夕发朝至高速铁路动卧列车等。

(2)开发"高速铁路+旅游"新产品。

"铁路+旅游"定制式服务让旅客和铁路运输企业实现双赢,全程购票、住宿、餐饮、短途接驳、导游、景区预约等一条龙服务,实现资源重组,互利共赢,"高速铁路+旅游"新产品的开发有力地带动了高速铁路车票的销售。

3. 创新空—铁联运产品

空—铁联运是航空运输与铁路运输之间协作的一种联合运输方式,参与者包括民航机场、航空公司、铁路系统等。

长期以来,铁路、航空均独立运作,民众出行会根据出行路线、行程时长等因素择优选择。由于两者之间的竞争性及相对独立性,造成了运力资源在一定程度上的浪费。民众的出行体验尚待提高。

"空—铁联运"实现了运力资源的高效配置,在利用各项先进的"大数据"信息平台,更加方便民众"优中选优"确定出行方式和路线的基础上,可规划新建和改扩建机场、车站枢纽以完善空—铁联运基础设施,促使城市机场与高速铁路客运站"无缝衔接",打造枢纽功能布局紧凑、客流衔接有序、换乘方式快捷的"零换乘"乘车体验。

二、铁路旅客运输产品的市场定位和价格调整策略

(一)铁路旅客运输产品的市场定位

高速铁路运输安全性好,受天气影响小,速度快,舒适性高,服务质量好,载客量大。因此,铁路运输企业在中、长途旅客运输子市场中占有明显优势,在大城市间(城际)的旅客运输子市场上,也占有相当大的优势。

由调查和分析可知,旅行时间、旅行时段、舒适程度、旅行价格、服务质量、方便程度等因素是影响旅客出行选择和产品质量评价的重要因素。对于不同的旅客群体,即不同的旅客运输细分市场对以上因素的重视程度也不相同。例如,对于商务旅客子市场,即商务流较重视旅行时间、旅行时段及服务质量,票价则是相对次要关注的因素;对于学生旅客子市场,即学生流具有较强的集中性,寒、暑假期间流量很大,较重视票价、旅行时间、方便性,对其他因素的重视程度一般。因此,在铁路运输企业根据产品的目标市场组成,针对旅客的需求和对产品特性的重视程度,推出适应目标运输市场的产品,如高速铁路运输企业为旅客提供不同档次的产品(含服务),有商务座、特等座、一等座、二等座等席别,分别为旅客提供不同舒适程度和服务等,以适应不同旅客群体的不同层次的需求。

(二)高速铁路旅客运输产品的价格调整策略

铁路客运运价,又称客运运费,它由客运运价及客运杂费组成。客运运价包括旅客票价和行包运价。旅客票价是以每人每千米的票价率为基础,按照旅客旅行的距离和不同列车设备条件确定,具体票价以国务院铁路主管部门公布的票价为准。客运杂费指在客运运输过程中,除客票票价、行李包裹运价外,铁路运输企业向旅客、托运人、收货人提供辅助作业、劳务等所收的费用。客运杂费的收费项目和收费标准由国务院铁路主管部门制定。

价格调整策略是指企业为某种产品制定出价格以后,要随着市场营销环境的变化对现

行价格予以适当调整。目前,高速铁路运价的调整基本上由国家来控制,高速铁路运输企业定价权力有限。随着铁路运价改革的发展,在运价形成机制和运价管理权限方面,铁路部门进行了有益的探索和尝试,初步形成在统一运价基础上、新路新价、优质优价、浮动运价、区域运价及专项成本补偿运价等多种运价形式并存的局面。高速铁路运输企业开展市场营销活动时,应采取价格调整策略,增强市场在国家宏观调控下,根据市场经济和铁路运输的规律,提高竞争能力。

(1)根据客运市场的季节波动和区域特点实行季节、区域浮动运价。各高速铁路运输企业可根据季节、客流运输市场变化情况对基本运价进行上下浮动,适时调整客流两大高峰期的定价方案,充分发挥价格杠杆作用。例如,春、暑运是铁路客流两大高峰期,此期间票价在原有基础上合理上浮,既可以增加铁路的收入,调动铁路员工的积极性,又可以调整高峰期运量,实现均衡运输。在淡季,可以对一些冷门线路,实行折扣票价来吸引客流。

(2)制订团体票、预售票、往返票价格优惠等政策。例如,有些高速铁路运输企业在客流低谷期加大团体旅客优惠比重,吸引更多的客流。

三、高速铁路运输营销组织策略

与其他商品需求相比,高速铁路旅客运输具有广泛性、多样性、派生性和时空的不均衡性等特点。我国铁路经过长期发展,已经形成庞大的网络,进入网络化运营。近几年,随着高速铁路的相继建成,铁路的发展进入了一个崭新的时代。我国高速铁路旅客运输对象复杂多样,旅客出行目的不同,需求多样化,促进高速铁路运输企业的转型升级,推出面向社会大众的差异化营销组织策略。

(1)不断优化产品结构。开发多种结构的产品,在不同线路上开通不同种类的高速旅客列车,以满足不同层次旅客的需求。根据不同市场的特殊需求开行多种专列,如夕发朝至的高速铁路动卧、安全、舒适的豪华列车,一站直达式的旅游、观光列车,企业团体包车等。

(2)做好营销管理和考核。畅通运输产品营销渠道,优化产品销售组织策略,建立营销激励机制,制定量化绩效考核办法,落实标准化作业,鼓励全员营销。建立营销队伍培训机制,定期举办营销培训班,加强营销业务培训。

(3)提供特色服务。在稳步提高安全、快速、方便、经济、舒适等核心服务价值的基础上,开发多层次、多功能的特色服务。例如,延伸客运服务链条,充分利用站车资源,大力发展车站商业,打造"吃住行游购娱"一条龙服务链,实现综合效益最大化。

四、高速铁路运输市场营销创新

高速铁路旅客运输具有运量大、安全舒适、受气候和地理因素的影响小、票价范围较广、速度较快等优点,为不断提高旅客消费体验,高速铁路管理部门充分发挥竞争优势,抓住高速铁路特点,适时利用各种新技术、新理念进行营销,适时推出新的特色产品及特色服务来满足顾客的特定需求。

1. 手机闪付快速进站

利用手机闪付技术进站乘车,旅客在手机上绑定银联支付卡便可实现"刷手机"进站。类似于高速公路不停车收费系统,实现了先坐车后付费,省略了买票环节,让旅客体验到"不购票"乘车及"闪付过闸"。图6-2为广深铁路闪付过闸自助终端。

图6-2 广深铁路闪付过闸自助终端

2. 互联网订餐

2017年7月,国铁集团正式推出互联网订餐服务,消费者可以通过网站和手机进行点餐,餐品直接配送至座位。

2019年春运,中国铁路北京局集团有限公司联合支付宝在高铁列车上推出了扫码点餐服务。旅客只需扫描高速铁路座位上的二维码,就可实现点餐或购物。

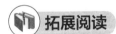拓展阅读

动车组列车互联网订餐餐食配送规则

(1)车站配送人员与商家的交接地点由各铁路局集团公司自定,可采取车站配送人员到商家收取的方式,也可采取商家将餐食派人送至车站集中配送点的方式。如采取车站配送人员到商家收取的方式,商家应在配餐站开车前30min完成餐食制作;如采取商家派人送的方式,商家要确保开车前15min将预订餐食送至集中配送点。

(2)商家实时接收订单信息,餐食制作完成后应把餐食小票装订在每份餐食配送袋外并做好封口。使用一次性集装袋(箱)把餐食按具体车次的车厢分装,与车站配送人员确认数量后做好集装袋(箱)封口。

(3)车站配送人员实时查询订单信息,开车前30min,按车次打印收餐单,与商家确认餐食无误后做好集装袋(箱)封口。

(4)车站配送人员将各商家完成集装袋(箱)封口的餐食分别按车厢放入相应的保温器具中。

(5)车站配送人员收餐完毕后,在列车到站前,打印列车餐食交接单及派送单一套,在规定的列车门口与列车配送人员交接(短编列车在5号车厢、长编列车在9号车厢、重联列车分别在5号、13号车厢)。

车站配送人员应事先准备好交接簿(车站配送人员按各自分工分车厢,注明各商家的集

装袋数量),站车交接完毕后,车站配送人员需将与商家收单、与列车交接情况通过系统反馈。

(6)列车在站台上核对各商家集装袋(箱)的数量以及集装袋(箱)是否包装完好、封条无损后,将集装袋(箱)分车厢装入列车的集装器具中,并分别与各自的车站交接配送人员在交接簿上签字。

(7)列车配送人员依据列车餐食派送单分车厢依次派发餐食,应在30min内将餐食发放完毕,派发时需通过车票或手机号核验旅客身份,派发结束后通过手持终端标记异常订单,无反馈信息订单视为正常订单。

(8)无座订餐人(旅客)应在票面标记的车厢号,等候列车派发人员送餐或联系餐车服务人员,凭订单手机号码后5位领取餐食。

(9)订餐人索要发票,预订时做相应选择并录入开票信息,发票由商家随餐开具。

3. 高速铁路快递

铁路部门利用日常开行的高速铁路列车进行快递运送,运送时限包括当日达、次日达等方式,能抵达的城市较多。高速铁路是运送快递理想的途径之一。高速铁路运送快速通道不受交通堵塞、航空管制等因素影响,除极端天气外,高速铁路快递准点率高。

拓展阅读

2014年年初,高速铁路快递在京沪高铁上试运行。从2014年4月开始,高速铁路快递正式运营,北京、天津、上海、南昌、郑州、哈尔滨、沈阳、长春、石家庄、太原、武汉、西安、济南、杭州、南京、合肥、福州、广州、深圳、长沙等城市率先借助高速铁路网络开通高速铁路快递业务,一共有4种快递产品类型,最快的产品类型是当天寄货当天抵达,资费首重130元/kg,续重25元/kg。

高铁快运业务是中国铁路为客户提供的与高速铁路品牌形象和客运服务水准相匹配的时效快、品质优、标准高的"门到门"小件快递服务,主要利用高速铁路动车组列车运输,采用标准服务、标准流程、标准定价,向客户承诺时限。产品种类有当日达、次晨达、次日达、隔日达、同城快递和经济快递等,可提供全程冷链快递服务,服务范围可覆盖高速铁路沿线城市及其他主要大中城市。

4. 常旅客会员服务

2017年12月20日起,铁路部门推出"铁路畅行"常旅客会员服务,年满12周岁的自然人本人通过12306网站、"铁路12306"手机App、车站会员服务窗口申请,完成身份认证后即可成为会员。旅客可通过购买火车票累积积分,凭积分兑换铁路指定列车车票、铁路部门提供的其他产品或服务。

拓展阅读

"铁路畅行"常旅客会员服务规则

"铁路畅行"常旅客会员申请可使用的有效身份证件包括如下:

(1)中华人民共和国居民身份证。

(2)港澳居民来往内地通行证。

(3)台湾居民来往内地通行证。

(4)外国居民为按规定可使用的护照。

会员乘车积分计算方式为车票票面价格的5倍,以"分"为单位,按四舍五入取整计算。乘车积分在会员本人实际乘车到站后5日内自动进入会员本人账户,积分有效期为进入账户当日起连续12个月,在有效期内可进行兑换,到期未兑换积分自动作废。因铁路运输企业原因造成积分无法及时兑换,致使超过有效期的,积分有效期根据情况顺延。

会员可通过12306网站、"铁路12306"手机App、车站会员服务窗口为本人或指定的受让人兑换车票。账户积分首次累积达到10000分时,即具备兑换资格,兑换规则为100积分相当于1元人民币。积分兑换的车票可以在车站会员服务窗口办理改签,但不办理退票、变更到站。改签范围仍为允许积分兑换的车票,并有相应的积分。改签新票票价高于原票票价时需使用积分支付差额,新票票价低于原票票价时差额不退。办理时核收1000积分手续费。

5. 推出优惠新型票制产品

为了适应市场需求,提供更好的旅程服务,多条高铁线路推出系列优惠活动,提供定期票、计次票等产品。

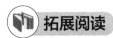

拓展阅读

京沪高铁20次计次票产品概况

(1)京沪高铁20次计次票是铁路部门推出的新型票制产品之一,用户购买后,可通过席位预约和直接刷证两种使用方式,在90天有效期内,乘坐20次在京沪高铁线路开行的、购买产品时指定发到站和指定席别的列车。

(2)席位预约方式乘车,即购买产品后,乘车人可以在12306网站、"铁路12306"手机App、自动售票机提前预约产品所对应发到站及席别的席位。预约席位后,乘车人持购买产品时所使用的有效身份证件原件进站检票乘车。

(3)直接刷证方式乘车,即购买产品后,当列车有产品所对应发到站及席别剩余席位时,乘车人可持购买产品时所使用的有效身份证件原件,直接进站刷证检票获取席位乘车。

(4)产品启用:购买产品后,需在30天内(含当天,下同)启用乘车;若30天内未乘车的,产品自动失效并全额退款。

(5)有效期计算:有效期从首次乘车之日起计算。

(6)适用列车:在京沪高铁线路开行的列车,通过12306网站和"铁路12306"手机App可预约车次。

(7)指定发到站:本产品限定为京沪高铁线路内下列车站作为出发站或到达站的往返固定组合:北京南、廊坊、天津南(天津西)、沧州西、德州东、济南西(济南、济南东)、泰安、曲阜东、滕州东、枣庄、徐州东、宿州东、蚌埠南、定远、滁州、南京南、镇江南、丹阳北、常州北、无锡东、苏州北、昆山南、上海虹桥(上海)。本产品可同时在以上括号内的非京沪高铁线路车站使用;产品仅支持有运输能力的站间组合。

(8) 指定席别:一等座、二等座。

(9) 产品定价:本产品不区分不同车次票价差异,定价按所有车次同席别实际执行票价统算,并实行相应折扣优惠,具体以发售价格为准。

❓ 复习思考题

1. 高速铁路客流如何分类?
2. 高速铁路客流有何特点?
3. 简述高速铁路旅客运输需求的概念和内涵。
4. 高速铁路旅客运输需求有何特点?
5. 高速铁路旅客运输产品层次如何划分?
6. 高速铁路旅客运输产品质量特性有哪些?
7. 高速铁路市场营销的组织策略有哪些?
8. 请举例说明高速铁路旅客运输市场营销创新服务有哪些?

附录1 "高速铁路客运组织"课程思政教学设计

项　　目	思政元素提炼	思政元素融入方法
高速铁路客运站工作组织	1. 中国优秀传统文化； 2. 民族自豪感； 3. 职业自豪感； 4. 人民铁路为人民	1. 国内车站设计蕴含深厚文化底蕴，通过图片展示，加强中华优秀传统文化教育； 2. 引入中国高铁发展过程以及取得的成就，增强学生民族自豪感和职业自豪感； 3. 课程引入真实服务优秀事迹，树立"人民铁路为人民"的服务理念，激发使命担当和职业意识
动车组旅客列车工作组织	1. 安全第一； 2. 规范意识； 3. 尊重差异； 4. 服务意识； 5. 吃苦耐劳	1. 播放客运事故视频案例，培养学生安全服务、安全工作的态度； 2. 讲解客运服务质量规范，养成一丝不苟的工作态度； 3. 讲解列车饮食供应，尊重不同民族饮食习惯； 4. 讲解动车组列车客运服务原则，树立服务意识； 5. 列车乘务值乘制度决定乘务员工作时无法保证休息且值乘时工作繁重，学生需要培养吃苦耐劳的精神才能更好适应工作
高速铁路旅客运输计划编制	1. 凡事预则立，不预则废； 2. 行业自豪感； 3. 一丝不苟的工作态度； 4. 科学思维	1. 铁路行业特点为计划运输，引导学生做好人身规划，生活工作中也要做好计划； 2. 讲解我国现阶段高速铁路建设计划，说明中国铁路事业发展的快速性和重要性，激发学生行业自豪感； 3. 旅客列车计划编制要求交流开车，各个环节都不能出错，不然就会造成严重的后果，增强学生对职业的敬畏，培养一丝不苟的工作态度； 4. 运用科学合理的手段才能精准做好计划工作
高速铁路运输安全及应急处理	1. 责任重于泰山； 2. 遵章守纪； 3. 团结协作	1. 安全是铁路的生命线，作为铁路工作人员都能履职尽责，严格遵守铁路规章，才能保障运输安全； 2. 发生应急情况时，工作班组在统一领导下团结协作，才能快速处置
高速铁路节假日和新老兵客运组织	1. 恪尽职守； 2. 爱军拥军	1. 为确保旅客顺利出行，法定节假日期间铁路工作人员也要坚守岗位； 2. 精心组织新老兵运输，营造爱军拥军的社会氛围
高速铁路客运营销工作组织	1. 创新精神； 2. 法律底线思维； 3. 社会责任意识	1. 铁路旅客运输产品只有不断推陈出新，才能适应社会的发展； 2. 产品价格调整要严格遵循铁路运输法律和国家宏观调控； 3. 铁路是国家战略性、先导性、关键性重大基础设施，在承担着保障国家战略实施、国家安全和国民经济运行的重大社会责任

附录2 "高速铁路客运组织"课程参考标准

一、课程简介

《高速铁路客运组织》是高速铁路客运服务专业的专业核心课,讲授内容主要针对铁路售票员、客运员、列车员等岗位,促使学生掌握高速铁路客运站工作组织、旅客列车工作组织、铁路旅客运输计划制定编制过程和方法、运输安全及应急处理、节假日运输和新老兵运输组织和客运营销工作组织等知识和相关技能。

二、教学目标

通过本课程的学习,学生掌握我国高速铁路客运组织的基本原理、方法和技能,能够正确办理客运作业和业务,获得较强的职业能力,具备一定的客运理论知识,较强的客运业务技能和良好的职业道德及可持续发展能力,培养能够从事高速铁路客运工作高素质技术技能人才。

三、课程内容

教学时间安排:60 学时		
学习内容	知识目标及技能目标	参考学时
项目1 高速铁路客运站 工作组织	知识目标: 1. 了解高速铁路客运站及其特点; 2. 掌握高速铁路客运站的作业和主要设备功能; 3. 掌握高速铁路客运站站房设计原则; 4. 掌握高速铁路客运站站台及站前广场结构和功能; 5. 掌握高速铁路客运站流线组织的内容; 6. 掌握高速铁路客运站流线组织的措施; 7. 掌握高速铁路客运站的窗口售票方法和组织; 8. 掌握高速铁路客运站服务工作的总体要求; 9. 掌握高速铁路客运站各岗位的服务工作内容; 10. 掌握高速铁路客运站旅客服务系统工作流程。 技能目标: 1. 明确高速铁路客运站各种设备位置及功能; 2. 能够正确运用高速铁路客运站设备组织旅客的乘降过程; 3. 能够按照旅客流线绘制旅客流线图; 4. 会根据高速铁路客运站的类型进行流线疏解; 5. 能够按章发售车票; 6. 能够根据高速铁路客运站各岗位作业要求完成服务工作; 7. 能够根据旅客需求进行针对性服务; 8. 能够按照综控员岗位要求进行日常基本作业	14

续上表

学习内容	知识目标及技能目标	参考学时
项目2 动车组旅客列车 工作组织	知识目标 1.掌握动车组旅客列车乘务组的人员组成、工作内容和乘务组织形式； 2.掌握动车组旅客列车的安全管理制度； 3.掌握动车组旅客列车的安全设施设备； 4.掌握动车组旅客列车的服务标准； 5.掌握站车客运信息无线交互系统的功能和使用方法。 技能目标 1.能够完成动车组旅客列车的日常值乘任务； 2.能够照安全管理制度进行乘务作业； 3.会使用动车组列车上的安全设施设备； 4.能够按规范完成动车组列车的标准化服务； 5.会使用站车客运信息无线交互系统终端进行规范化作业	12
项目3 高速铁路旅客运输 计划编制	知识目标 1.掌握旅客运输计划的分类； 2.掌握动车组旅客列车的分类； 3.掌握高速铁路旅客运输需求特点和影响因素； 4.掌握铁路客流调查和客运量预测的常用方法； 5.掌握铁路客流计划的编制流程； 6.掌握高速铁路旅客列车开行方案的编制方法； 7.掌握高速铁路旅客列车运行方案的编制方法； 8.掌握票额分配的根据和分配原则； 9.掌握票额分配的方法和组织策略。 技能目标 1.能够根据车次分析动车组旅客列车的种类和配属； 2.能够设计和实施客流调查； 3.能够运用科学方法进行客运量预测； 4.能够编制管内客流斜表和管内客流图； 5.能够编制高速铁路旅客列车开行方案； 6.能够编制高速铁路旅客列车运行方案； 7.能够熟练运用调整票额分配的售票组织策略	16
项目4 高速铁路运输安全 及应急处理	知识目标 1.掌握客运记录和铁路电报的编制方法； 2.掌握发生线路中断的原因； 3.掌握线路中断后对旅客的安排方法； 4.掌握旅客人身伤害事故的等级划分和处置程序； 5.掌握铁路站车应急处置程序。 技能目标 1.会编制客运记录； 2.会编制铁路电报； 3.能够在线路中断后妥善安排旅客； 4.能够妥善处理站车旅客人身伤害事故； 5.能够按照作业流程正确处理站车应急事件	10

续上表

学习内容	知识目标及技能目标	参考学时
项目5 高速铁路节假日 和新老兵运输组织	知识目标 1. 掌握高速铁路春、暑运客流特点和客运组织方法； 2. 掌握高速铁路旅游列车运输组织特点和影响因素； 3. 掌握新老兵运输的组织领导； 4. 掌握新老兵运输的方式。 技能目标 1. 能够针对春、暑运时期的大客流进行科学组织； 2. 能够针对旅游客流进行科学组织； 3. 能够对新老兵运输过程进行科学组织； 4. 能够合理安排新老兵运输的方式	4
项目6 高速铁路客运营销 工作组织	知识目标 1. 掌握高速铁路客流的分类和特点； 2. 掌握高速铁路旅客运输需求的特点； 3. 掌握高速铁路旅客运输产品内涵； 4. 掌握高速铁路旅客运输营销组织策略和方法。 技能目标 1. 能够分析不同种类客流的流动特点； 2. 能够分析旅客运输需求变化规律以便精准营销； 3. 能够适应市场变化选择营销组织策略	4

四、教学方法

本课程根据高速铁路客运岗位群工作内容和要求，采用项目—任务驱动教学法，以真实的岗位工作设计教学任务和教学过程，依托线上教学平台采用"教、学、做"一体化的混合教学模式。

五、考核方案

本课程对学生学习效果评价是采用过程性评价和期末考试相结合的方式，强调过程性学习，培养学生良好的学习习惯，同时关注学生的问题解决能力，激发学生的创造性并鼓励学生的个性发展。

过程性评价包括线上和线下两部分考核内容，占总成绩的70%；期末考试占总成绩的30%。

六、教学条件

(一)教学资源

1. 实训资源

(1)高速铁路车站模拟仿真实训室。

(2)模拟售票实训室。

(3)客运应急演练实训室。

(4)客运礼仪实训室。

2. 软资源

《高速铁路客运组织》线上教学平台。

(二)师资队伍

本课程选用具有高校教师资格、专业理论功底和实践能力扎实的双师型专业教师。

七、教学实施建议

(1)本课程计划安排60学时,教师可根据学情做出适当调整。

(2)本课程是理实一体化课程,每一模块均有理论支撑和技能训练,一般情况下建议理论支撑内容采取课堂讲授的形式,有些技能训练内容在客运一体化教室进行操作及讲解效果比较好。

(3)建议建设和丰富课程的教学辅助资源,不断完善教学录像、电子课件、案例库、习题库等信息化教学资源。

参 考 文 献

[1] 中华人民共和国铁道部.铁路旅客运输管理规程[S].北京:中国铁道出版社,1997.
[2] 中华人民共和国铁道部.铁路旅客运输办理细则[S].北京:中国铁道出版社,1997.
[3] 中华人民共和国铁道部.铁路旅客运输管理规则[S].北京:中国铁道出版社,1997.
[4] 贾俊芳.铁路旅客运营管理[M].北京:北京交通大学出版社,2012.
[5] 王甦男,贾俊芳.旅客运输[M].北京:中国铁道出版社,2008.
[6] 邓岚,李培锁.高速铁路客运组织与服务[M].北京:中国铁道出版社,2011.
[7] 贾俊芳.铁路旅客运输[M].北京:中国铁道出版社,2016.
[8] 王越.铁路客运组织[M].2版.北京:人民交通出版社股份有限公司,2019.
[9] 王越,万龙.高速铁路客运设备运用与管理[M].北京:人民交通出版社股份有限公司,2019.
[10]《动车组列车乘务工作导读》编委会.动车组列车乘务工作导读[M].北京:中国铁道出版社有限公司,2019.
[11] 中国铁路总公司.高速铁路客流组织[M].北京:中国铁道出版社有限公司,2014.
[12] 中国铁路总公司.高速铁路客运服务管理[M].北京:中国铁道出版社有限公司,2016.
[13] 单继琴.高速铁路动车乘务实务[M].上海:上海交通大学出版社有限公司.2019.
[14] 万金辉,兰云飞,吴曦.高速铁路运输市场营销[M].北京:北京交通大学出版社有限公司.2019.